Peter Bendi

Vom armen Stop zum reichen Schwein

Zeitzeugenbericht

Impressum

© 2015 Peter Bendig

1. Auflage
Umschlaggestaltung, Illustration: Reinhardt Cornelius Hahn
Lektorat, Korrektorat: tredition GmbH, Hamburg

Verlag: tredition GmbH, Hamburg

ISBN Paperback: 978-3-7323-7233-1 (Paperback)
ISBN Hardcover: 978-3-7323-7234-8 (Hardcover)
ISBN e-Book: 978-3-7323-7235-5 (e-Book)

Das Werk, einschließlich seiner Teile, ist urheberrechtlich geschützt. Jede Verwertung ist ohne Zustimmung des Verlages und des Autors unzulässig. Dies gilt insbesondere für die elektronische oder sonstige Vervielfältigung, Übersetzung, Verbreitung und öffentliche Zugänglichmachung.

Bibliografische Information der Deutschen Nationalbibliothek:
Die Deutsche Nationalbibliothek verzeichnet diese Publikation in der Deutschen Nationalbibliografie; detaillierte bibliografische Daten sind im Internet über http://dnb.d-nb.de abrufbar.

Der Radfahrer nimmt mühelos den Berg. Fast täglich bei jedem Wind und Wetter. Er tritt gleichmäßig in die Pedalen des Tourenrades, lässt sich nicht beeindrucken von vorbei ziehenden keuchenden Jünglingen auf Rennrädern – Stunden später serviert er den Stammgästen einer Potsdamer Wohngebietskneipe Hausmannskost – manchmal gibt es Fisch, den er am Abend zuvor geangelt hat ... gelegentlich auch Pilze, die Ausbeute eines Waldspazierganges ...

Diese Aufzeichnungen sind Erlebnisse und Stationen aus meinem bisherigen Leben. Es waren drei verschiedene politische Staatsformen zu ertragen. Ich versuche, aus meiner Sicht und aus meinen Erfahrungen zu erzählen. In meinem Bericht will ich nicht über Dinge, die ich nicht selbst erlebt habe, urteilen. Mit den Folgen der Naziherrschaft hatte die halbe Menschheit zu tun. Unsere Familie hat aber Dinge erlebt, die sich von den erlebten Kriegsfolgen anderer unterschieden. Ich will niemanden belehren und ich will keinem zu nahe treten. Ich glaube, dass dies auch im Sinne meiner Vorfahren wäre. Jetzt, nach über

70 Lebensjahren, möchte ich für meine Nachfahren meine Lebensgeschichte hinterlassen.

1940 wurde ich als Wunschsohn im 2. Weltkrieg geboren. Warum musste es gerade in Königsberg/Ostpreußen sein? Nach drei Mädchen war ich endlich ein Sohn.

Wir lebten im Außenbezirk Juditten. Meine Erinnerungen sind ab dem 3.–4. Lebensjahr nur schemenhaft. Die Liebe zur Natur habe ich mit der Muttermilch eingesogen. In der Nähe war ein Feuchtgebiet mit Angelteichen, Birkenwäldern und Wiesen. Unsere Familie ist nicht »Heim ins Reich« geflüchtet, sondern war im Kessel von Königsberg eingeschlossen.

Mein Vater baute dort einen Erdbunker für die Familie. Den Bunker benutzten wir bei Bombenangriffen. Manchmal flüchteten wir in den nahen Bruch in eine Anglerhütte. Die Kugeln flogen durch die Hütte über unsere Köpfe. Im April 1945 begann sich die Welt zu ändern. Die Stadt wurde nach sehr verlustreichen Kämpfen von den Russen eingenommen. Nach der Einnahme von Königsberg wurden alle Überlebenden aus ihren Behausungen getrieben und mussten 48 Stunden im Freien verbringen. Ich vergesse nie den Anblick der toten deutschen Soldaten, die steifgefroren in den Schützenlöchern standen. Meine große 15-jährige Schwester hatte einen frischen, komplizierten Beinbruch und musste unter sehr großen Schmerzen mit dem Tross marschieren. Sie bettelte mehrmals bei den Wachposten um einen Gnadenschuss, bekam diesen Wunsch aber glücklicherweise nicht erfüllt. So konnten die Befreier in Ruhe 48 Stunden plündern, vergewaltigen und ungestört die Einnahme von Königsberg feiern. Diese Exzesse waren die Belohnung für den heldenhaften Sieg. Im Siegesrausch wurden noch einige nicht zerstörte Häuser abgefackelt. Damals war ich erst viereinhalb Jahre alt. Ich konnte vieles nicht verstehen. Die Worte der Russen »Uhri-Uhri«, oder »Frau komm mit, fünf Minut« aber schon. Das Geschrei der Frauen und der Russen werde ich nie vergessen. Auch mein Vater wurde kurz vor Kriegsende zum Volkssturm eingezogen. Als Kriegsgefangener wurde seine politische Vergangenheit untersucht. Mein Vater war nicht vorbelastet und wurde nach Hause entlassen. Er kam mit Typhus schwerkrank und total abgemagert aus der Kriegsgefangenschaft zurück.

Dann begann ein Leben, das keines mehr war. Das größte Problem war der grausame langsame Hungertod. Die beiden Schwestern, zwölf und acht Jahre alt, machten sich auf den Weg ins benachbarte Litauen, um zu betteln. Die beiden kamen nach Wochen mit etwas Essbarem und sehr vielen schlechten Erlebnissen zurück. Die Russen hatten wohl auch selbst nicht genügend Lebensmittel zur Verfügung. 1946 hatte ich meinen ersten großen Fisch am Haken. Die gute neue Bambusrute zerbrach. Ein etwas älterer Kumpel half mir und ein fast zwei Kilo schwerer Schlei lag am Ufer. Ich habe dann regelmäßig geangelt und Reusen gestellt. Der Winter 1945/46 war sehr kalt. Grundsätzlich schliefen wir nicht allein in einem Bett. Eines Morgens im März war Mutter ganz aufgeregt und ich musste aus Vaters Bett. Der schnarchte und wachte nicht mehr auf. Seine Beine waren schon eiskalt und so schlief er vor Hunger geschwächt für immer ein. Auch mein kleiner Bruder starb nach wenigen Lebenswochen den Hungertod. Beide wurden in Säcke gewickelt und vergraben. Das Brüderlein war ein ungewolltes Geschenk der Sieger. Oft saß ich traurig und still am Fenster und wartete tagelang vergeblich auf Essbares. Dabei steckte ich die eiskalten Händchen zum Wärmen unter meine Achselhöhlen. Ich habe unter anderem selbstgefangene Krähen und Spatzen gegessen. Eine heiße Suppe von der Nachbarin mit einem Katzenkopf war eine Delikatesse. Kartoffelschalen gab es nicht, da es sehr selten Kartoffeln gab. Bei uns in der Wohnung wurde sogar geschossen. Die Sieger hatten oftmals zu viel gesoffen und setzten ihren Willen mit Gewalt durch. Unter der deutschen Bevölkerung gab es Gerüchte über Kannibalismus unter den hungernden deutschen Überlebenden. Nach 1990 wurden diese Gerüchte durch KGB-Akten bestätigt. Nach der Einnahme von Königsberg und der Kapitulation am 9. April 1945

lebten noch 150.000 Deutsche. Im Dezember waren es noch 20.000. Hunger, Krankheiten und Übergriffe der Sieger waren die Ursachen für viele Tote.

Eines Tages war ich der Auslöser einer Familientragödie. In einem Versteck in der Wohnung fand ich die zusammengekratzten Ersparnisse in Rubel. Ich hatte eine für meine Spielkameraden sehr soziale Art. So verschenkte ich das mühsam zusammengekratzte Geld einfach an meine Freunde. Dafür tanzte der Siebenstriemer auf meinem schwachen Körper. Meine Schwestern heulten um die Wette und konnten Mutter nicht von der Züchtigung abhalten. Dieses Kinderprügelgerät bestand aus einem Griff mit sieben Lederriemen und war ca. 40 cm lang. Eines Tages wurden von einem unsichtbaren Geist vier Lederstriemen weggezaubert. Es gab schon immer nicht erklärbare Wunder. Das Geld kam trotzdem nicht mehr zurück. Ab jetzt sollte die Bedeutung des Geldes bei mir für ewig gespeichert bleiben. An einen guten Fischfang kann ich mich auch noch erinnern. Wir bastelten uns eine Fischreuse und versuchten damit unser Glück. Unser großer Fang waren 26 Karauschen und 6 Barsche. Damit hatten wir wieder etwas zu essen. Unsere Befreier hatten eine erfolgreichere Methode. Die fischten einfach mit Handgranaten.

Mutter bekam dann eine Stelle als Reinigungskraft in einer russischen Apotheke. Manchmal brachte sie etwas Lebertran mit. Es schmeckte grausam, war aber sehr lebenserhaltend. Im Winter 1947/48 wurde ich sehr krank. Die russische Apothekerin meiner Mutter schaffte es, mich in einem russischen Lazarett unterzubringen. Ich litt unter einer schweren Malaria. Eines Tages war die Ärzteschaft mit meiner großen Schwester an meinem Bett. Dann wurde ich nach draußen gebracht und auf einen Handwagen gelegt. Es war der gleiche Handwagen wie bei der Hinfahrt. Der Rückweg dauerte ca. 90 Minuten. Als Zugesel wurde meine große liebe Schwester eingesetzt. Es war März 1948 und wir mussten »Heim ins Reich«. 24 Stunden vor Abfahrt kam der Befehl unserer Deportation in den Ostteil Deutschlands. Unser Abtransport war einer der letzten aus Ostpreußen. Insgesamt wurden ca. 100.000 Deutsche aus Ostpreußen ausgewiesen. Unsere Familie ist dabei laut Statistik noch gut weggekommen. Es war wohl der unbändige Lebenswille der gesamten Familie. Der Vater hat sich wissentlich für unser Überleben geopfert. Er gab uns den letzten Bissen. Der Säugling hatte kaum eine Überlebenschance. Unsere Familie bestand aus meiner Mutter, 43 Jahre alt, meiner Schwester, 18 Jahre alt, einer weiteren Schwester, 14 Jahre alt, der kleinsten Schwester, 11 Jahre alt, und mir, 7 Jahre alt.

In der Zeit April 1945 bis März 1948 sind also ca. 130.000 Deutsche gestorben.

Das Handgepäck war nach Gewicht vorgeschrieben. Sechs Brote und zwei kg Zucker waren unsere Verpflegung für fünf Personen. Wir wurden bunt durcheinander gemischt und in Viehwaggons gesteckt. Der

Boden war mit Stroh ausgelegt. Von außen wurde der Riegel vorgeschoben und nochmal abgeschlossen. In den gleichen Waggons wurden die Juden in die Vernichtungslager gebracht.

Die Transporte endeten immer in der Sowjetischen Besatzungszone (ab 7.10.1949 in der DDR).

Von diesen Ereignissen von April 1945 bis März 1948 durften wir nichts erzählen. Natürlich waren es Befreier und wie erklärt man den Tod von 130.000 deutschen Zivilpersonen alleine in Königsberg. Nicht einmal unsere Ehepartner durften davon wissen. Der Stalinismus hat wohl Millionen solcher Volksfeinde auf dem Gewissen. Die sogenannte Rückführung nach Deutschland war unbeschreiblich. Alt und Jung, Frauen, Männer, Kranke, zusammen in einem Waggon. Für die Notdurft gab es einen Bottich. Manchmal wurde der Viehwagen geöffnet. Es war eine kleine Erlösung, denn wir konnten endlich frische Luft schnappen. Dabei wurden auch die Toten entsorgt und lange angehaltene Bedürfnisse erledigt. Während der Fahrt gab es festgelegte Zeiten pro Person, um an der Luftklappe des Waggons frischen Sauerstoff zu atmen. Nach zehn Tagen und einer Fahrstrecke von ca. 600 km hatten wir endlich den Zielort Storkow erreicht. Wir wurden dann zu einem Barackenlager nach Küchensee gebracht. Zuerst wurden wir entlaust und registriert. Hier begann unsere zweite Familientragödie. Natürlich war der kleine Peter der Schuldige. Ich hatte beim Toilettengang meine Jacke vergessen. In der Jacke war wieder unser »Vermögen« in Reichsmark eingenäht. Diesmal war kein Züchtigungsgerät für Mutter vorhanden. Was für ein Glück für Peter.

Entlaust und nach einer Woche etwas erholt ging die Reise weiter. Wir kamen nach Netzen/Lehnin, einem ca. 700 Einwohner Dorf im Kreis Brandenburg. Die erste Unterkunft bekamen wir beim Dorfkneipenwirt. Man konnte es nicht gerade geräumig nennen, aber es war erst einmal eine eigene Wohnung. Meine Malaria war nicht geheilt und ich war immer noch schwer krank. Die älteste Schwester bekam bald eine Stellung beim Gärtner und konnte dort auch wohnen. Die beiden anderen Schwestern kamen in die Zentralschule des Ortes. Mutter arbeitete bei den Bauern und half bei der Ernte. Der kleine Peter kam ins Stiftskrankenhaus Kloster/Lehnin. Meine Einschulung musste verschoben werden. Die Krankheit war für mich schwer zu ertragen. Das regelmäßige Essen und Trinken im Krankenhaus war dafür ein Segen. Nach acht Wochen wurde ich als geheilt entlassen. Der Geschmack der zu schluckenden Medizin war furchtbar. Am schlimmsten war der Geschmack von Chinin in jeder Form. Unsere Wirtsleute waren sehr geizig. Der Wachhund hatte bessere Verpflegung als wir.

Die Zentralschule in Netzen besuchte ich von 1948 – 1955. Ich habe nach sieben Schuljahren erfolgreich den damaligen Abschluss der 8. Klasse geschafft. In den ersten Jahren hat sich meine große Schwester um mich gekümmert. Meiner lieben Mutter haben die ganzen Kriegsfolgen sehr zugesetzt. Sie konnte bis zu ihrem Tod die Nachkriegserlebnisse aus Königsberg nicht verarbeiten. Für uns Flüchtlinge gab es außerhalb des Dorfes fünf Behelfsheime einfachster Bauweise. Dort bekamen wir unser eigenes Zuhause. Wir waren noch zu dritt. In diesen barackenähnlichen Bauten wohnten ausschließlich die sogenannten Flüchtlinge. Ein Onkel aus Stuttgart nahm eine Schwester auf und sorgte für Mutters Entlastung. Dieses neue Heim war sehr spartanisch gebaut: zwei Räume ca. 2,5 mal 3,5 und 3,5 mal 3,5 Meter groß, kein Ofen, kein Wasser, ein Holzschuppen an der Giebelseite, ein großer Hof und Brachland unkultiviert am Wald angrenzend. Für uns Kinder war das ein großer natürlicher Spielplatz. Die strengen Winter waren nicht einfach. Der kleine transportable Ofen schaffte es nicht, die Fenster und Innenwände eisfrei zu halten. Es gab ja nur sechs Zentner Briketts pro Jahr auf Marken. Somit wurde im Sommer viel Brennbares aus den Wäldern zusammengesucht, unter anderem Kienäpfel und vertrocknete Zweige.

Eine einfache Handpumpe mit Grundwasser war für vier Familien vorgesehen. Wir mussten natürlich mit Muskelkraft pumpen. Am schlimmsten war für mich das stundenlange Gießen des brandenburgischen Sandbodens. Mit den Jahren haben wir den kargen Boden etwas fruchtbar gemacht. Am besten wuchsen die Tomaten auf dem eigenen Dung. Am Plumpsklo grenzte ein Komposthaufen an, in dem die Mischung reifte. Angelwürmer fühlten sich darin sehr wohl. Die Angelstangen bauten wir uns aus jungen Kiefernstangen, Posen aus Gänsefedern und Haken aus Draht. Ein Problem waren oft die Schnüre.

Das Plumpsklo stand 30 Meter vom Haus entfernt. Wir waren dennoch zufrieden, jetzt unabhängig zu sein und in den eigenen vier Wänden zu wohnen. Unsere Ansprüche waren gleich null. Wir hatten überlebt. Jetzt ging der Lebenskampf weiter, aber auf einer friedlichen Ebene.

Wir wohnten ohne Russen dicht am Wald und an Angelseen. Die Autobahn A2 befand sich in der Nähe. Diese Autobahn erwies sich in den nächsten Jahren als Segen für unser Wohl. Die Nachbarn hatten ähnliche Schicksale. Die Bauern waren den Flüchtlingen gegenüber sehr unterschiedlich eingestellt. Bei einer Reihenuntersuchung stellte man bei mir einen Schatten auf der Lunge fest. Wieder war ich dran.

Ich bin relativ schnell gewachsen und war sehr unterernährt. Daraufhin schickte man mich zur Kur. Der Treffpunkt zur Abfahrt war ca. fünf Kilometer entfernt. Mutter fuhr auf dem Fahrrad mit der Tasche auf dem Gepäckträger und Peter rannte im Dauerlauf hinterher, da der Abholer nicht kam. Beim nächsten Termin hat es dann geklappt. Es wurde mir geraten, viel Sport zu treiben. Fußball und Bolzen waren dafür wie geschaffen. Jahrelang gab es jedoch Probleme mit den Bällen. Wir spielten mit selbstgebauten Lumpenkugeln und alten Tennisbällen. In den späteren Jahren war der größte Wunsch aller Kinder ein Gummi- oder Plastikball. Die gingen sehr schnell kaputt. Ein spitzer Ast oder Nagel war die Ursache. Der

Sportverein des Dorfes fing an, sich zu organisieren. Wenn die überschwemmten Wiesen und die Teiche zugefroren waren, wurde Schlittschuh gelaufen und Eishockey gespielt. Unsere Schläger bauten wir aus besonders gewachsenen Ästen. Als Puck dienten alte Tennisbälle. Wir bauten uns gerne Bunker. Es wurde mitten im Wald trotz Wurzeln manchmal wochenlang gebuddelt. Die fertigen Anlagen wurden oft sogar getarnt. Sie waren dann unsere Treffpunkte. Kamen die Mädchen mit in die Bunker, dann waren wir besonders stolz. Die Kindercliquen zerstörten sich untereinander oft diese Bauwerke. Verschüttet wurde in den Jahren niemand. Der Trieb zum Bunkerbauen stammte bestimmt ungewollt aus Kriegszeiten. Eines Tages bekam ich meinen ersten besten Freund. Es war ein kleiner Terrier mit dem Namen Moppi. Da ich schon die Laufbahn eines kleinen Wilddiebes eingeschlagen hatte, kam Moppi gerade richtig. Im Winter, am besten bei Schnee, war ich oft in den Wäldern auf Wiesen und Feldern unterwegs, lernte Spurenlesen und das Verhalten der Wildtiere. So mancher Hasen- oder Kaninchenbraten kam auf den Herd. Im Frühjahr suchten wir Enteneier zum Essen. Tauben und junge Krähen schmeckten besonders zart. Laichten die Hechte, dann gingen wir auf die überfluteten Wiesen mit irgendwelchen selbstgebauten Speeren und fingen Hechte. Der Dorfschmied baute für einen bestimmten Preis richtige Speere mit zwölf richtigen Zinken mit Widerhaken. Leider waren diese für uns unbezahlbar. In der Angelsaison war ich fast täglich unterwegs. Im Sommer waren zwölf Stunden keine Seltenheit. Verpflegung habe ich mir aus Obstgärten und von Feldern geholt. Bei großem Durst habe ich das Wasser aus Gräben getrunken. Einmal bekam ich einen Angelhaken bis hinter den Widerhaken in meinen Finger. Die Operation habe ich dann selbst gemacht. Ich musste solange den Haken drehen, bis der Widerhaken frei kam. Ein bereits benutztes Taschentuch war der Verband. Dann habe ich weitergeangelt. Alle gefangenen Fische wurden mit nach Hause genommen und verwertet. Den Rest bekamen die Hühner und Enten. Im Sommer bin ich meistens barfuß gelaufen. Holzpantinen besaß ich auch. Richtige Schuhe waren für gute Anlässe und wurden für den Winter aufgehoben. Turnschuhe waren eine Seltenheit.

Um etwas Geld zu bekommen, ging ich oft eine Herde Ziegen hüten. Mein Moppi half dabei mit. Es gab für die Sättigung der Herde eine Mark und drei Bonbons. Zur Obsternte war ich auch. Entlohnung bei guten Bauern für einen Korb mit 10 kg Kirschen war eine Mark, manchmal sogar eine Stulle. Es gab auch Obstbauern, bei denen mussten wir beim Pflücken singen oder pfeifen. Nicht einmal Fallobst durften wir ungefragt essen. Zu diesen Geizhälsen gingen wir nur dann, wenn uns kein anderer nahm. Die Namen der Höfe sind heute noch in meinem Gehirn gespeichert.

Nun zur Autobahn. In der Nähe war beiderseitig ein Parkplatz. Hier bettelten wir um etwas Essbares. Die eingewickelten Stullen und Brötchen waren der Lohn. Die Westler haben uns oft beschenkt. Wir waren ja auch in einem schrecklichen Zustand. Einmal wöchentlich fuhr eine Kolonne Amis nach Westberlin. In einem großen weißen Ami-Schlitten fuhr der Vorgesetzte der Kolonne. Die Kolonne konnte nicht halten und so wurden die Geschenke aus den Fenstern der Lastwagen geworfen. Der Vorgesetzte hielt oft an und verteilte seine Schätze. Einmal bekam jeder sechs Tafeln Schokolade. Einige Schulstunden wurden von uns sechs Eingeweihten geschwänzt. Irgendwie hatten die sozialistischen Wächter der DDR-Moral unsere Gruppe im Visier. Wie konnten wir den Erzfeind anbetteln. Ein uns bekannter Polizist kam mit seinem neuen Motorrad oft vorbei, um unser Treiben zu unterbinden Wir waren meistens schneller. Einmal hat er bei einer Verfolgung mit seiner großen Pistole auf mich geschossen. Die Kugel landete in einem Kiefernstamm. Das Einschussloch haben wir noch lange bewundert. Der Baum stand dicht an meinem besten Angelteich.

Einmal wurde ich mit dem Motorrad gejagt, aber ich kannte jeden Winkel und war schnell und ausdauernd. Die Einheimischen nannten mich Stoppelhopser. So manch ein Bauer jagte mich vom Acker beim Kartoffelstoppeln oder beim Ährenlesen. Ihre Namen und deren Gehöfte habe ich heute auch noch nicht vergessen. Rachegefühle habe ich jedoch nicht. Bei einem Freund, dessen Familie Haus und Garten hatten, bekam ich oft irgendetwas Essbares.

Wir sind erst grundsätzlich auf Felder gegangen, nachdem die Bauern schon selbst nachgelesen hatten. Meine Mutter bekam fürs Kartoffelbuddeln eine Mark pro Stunde. Manche Bauern gaben auch eine große Kiepe Kartoffeln mit ca. 12 kg für fünf Stunden Arbeit. Mein Moppi ist in der Zwischenzeit ein gewitzter Hasenhund geworden und lief mit Mutter immer mit. Der kannte kein Halsband oder eine Leine. Eine Hundehütte, die ich baute, hat der Hund nie betreten. Der arme Kerl lag angeleint vor der Hütte und hatte nichts gefressen. Er wollte seine Freiheit, die er dann auch bekam. Einige Hasen hatte er schon gefangen. Die wenigsten brachte er Frauchen. Auf dem Weg zu ihr wurde die Beute von Fremden weggenommen. Einmal hat der Hund mit einem großen Fuchs gekämpft. Er siegte durch Hilfe eines Knüppels von Mutti. Der Fuchsbalg hing ewig mit Stroh ausgestopft im Stall. Der Hund wurde zweimal angefahren, zweimal kam er schwer verletzt mit einer Drahtschlinge nach mehreren Tagen nach Hause. Mehrmals musste ich ihn aus Kaninchenröhren ausbuddeln. Im Winter lief er einer frischen Hasenfährte hinterher, die über dünnes Eis eines Tonloches führte. Hatte der Hund seine Nase auf einer Fährte, dann waren seine Ohren auf Durchzug gestellt. Das Unglück nahm seinen Lauf, er brach in der Mitte des Weihers ein. Nun stand ich heulend und machtlos am Ufer und sah den Überlebenskampf meines Moppis an. Immer wieder brach das Eis. Es war wohl sein letzter Versuch und er schaffte das Unglaubliche. Ich wickelte den unterkühlten Liebling in meine Jacke und lief nach Haus zum warmen Ofen. Der Hund betrat ab jetzt nur noch das Eis, wenn sein Herrchen voranging. Der kleine Kerl hatte einen sehr starken Lebenswillen. Mutter war oft im Wald Pilze sammeln. Sie kannte viele gute Stellen, an denen Pfifferlinge wuchsen. Am liebsten ging sie, wenn es richtig regnete und blitzte. Mutti sagte mir, dass schlechte Menschen vor Gewitter Angst haben und nicht aus dem Haus gehen. Manchmal brachte sie an einem Tag mehrere große Körbe voll Pilze. Da der Fund verkauft wurde, mussten diese Pilze geputzt werden. Peter konnte nicht spielen oder sich herumtreiben. Er sollte helfen. Wir hatten auch einige Tiere zu versorgen: Gänse, Hühner Enten und einmal eine Ziege. Die Tiere brauchten die Mitbetreuung des Sohnes. Es war für mich wieder Freizeitverlust und damit grausam. Irgendwelche Zusammenhänge zwischen Arbeit und Essen wollte ich nicht verstehen. Schularbeiten wurden grundsätzlich von Mutter nicht kontrolliert. Wissentlich gelernt habe ich selten. Irgendwie habe ich mich durchgemogelt. Bücher habe ich viele gelesen. Manchmal ging ich im Schneewinter vor dem Schulbesuch in den Wald. Dort habe ich den Schlingenstellern die Beute geklaut. Das war ein gutes Gefühl. Brachte ich die Beute nach Hause, hatte Mutti immer Angst. Aber wir hatten einen leckeren Braten im Topf.

Später habe ich eigene Schlingen gebastelt und mit Erfolg gestellt. Es war für mich schwer, die erstickten Hasen anzusehen. Der Hunger aber siegte.

Wir wurden immer älter und auch schlauer. Es begann der Handel mit selbst gesuchten Pilzen und aufgekauften Spargel. Wir versteckten unsere Ware in der Böschung der Autobahn und tarnten die Löcher mit Gras. Die Wessis kannten unsere Stellen und hielten kurz an. Zwei DM pro Kilo war ein gutes Geschäft für beide. Pilze und Spargel wurde auch nach Wannsee zum Markt gebracht. Die Händler kauften die gesamte Menge auf. Das Westgeld wurde umgetauscht und nach Hause geschmuggelt. Für diesen Job war ich nicht geschaffen. Beim Grenzübertritt hatte ich immer große Angst. Man konnte zwei Touren am Tag schaffen. Das hieß ganz früh aufstehen und mit dem ersten Zug nach Groß Kreutz und weiter bis Potsdam fahren. Einmal machte ich diese Tour. Ein Akkordeonkoffer mit Spargel war mein Gepäck. Mittags beim zweiten Einstieg in die S-Bahn hielt mich ein Grenzer an und wollte das Musikinstrument sehen. Bei der ersten Tour hatte er mich auch schon gesehen. Jetzt war ich als Schmuggler gefasst und wurde abgeführt. In einer Sammelstelle in der Nähe vom Bahnhof Potsdam wurde ich hinter Gitter gebracht, mehrmals verhört, entspargelt und dann durfte ich wieder nach Hause fahren. Ich war damals knapp 14 Jahre alt. Meine Mutti war 75 % arbeitsunfähig und bekam mit Kindergeld ca. 80 Mark Rente monatlich. Damit konnte man nicht verhungern, aber auch nicht gut leben. Unsere gezüchteten Enten und Gänse schlachtete Mutti selbst. Für uns blieben nur die Federn, wenn kein Verkauf möglich war. Ein Kaninchen oder Huhn war an Feiertagen schon mal auf dem Herd.

Mit ca. 12 Jahren wurde ich Pionier. Mutti war nicht froh darüber. In dieser Zeit wurden viele Bauern in Kolchosen gesteckt. Viele Pferde wurden abgeschafft und durch Traktoren und Maschinen ersetzt. Man wollte es den großen sowjetischen Kolchosen gleichtun. Viele Großbauern haben dann der jungen DDR den Rücken gekehrt und sind in den Westen geflüchtet. In unserer Familie war ich der Einzige, der von den sozialistischen Ideen etwas Gutes für die Zukunft erhoffte. Mein starker Gerechtigkeitssinn war schuld daran. Einmal wöchentlich hatten wir Religionsunterricht beim Pfarrer. Kurz vor Weihnachten wurden am gleichen Tag bei den Jungpionieren in der Schule Plätzchen gebacken. Dort war ich mit meinem Freund Harry, nicht jedoch beim Pfarrer. Am nächsten Tag in der großen Pause mussten wir uns im Pfarrhaus melden. Der Raum wurde abgeschlossen und wir bekamen beide Prügel. Zum Glück war es nur ein Männlein ohne Durchschlagskraft. Die Sache der Frömmigkeit war damit auch geklärt. Als Kind war ich sehr schüchtern und ruhig. Die gut genährten Bauernjungen waren das Gegenteil. Wir Flüchtlingskinder wurden oft gehänselt. Einmal wurde ich auf einer Strohmatte gefesselt, gedemütigt und angepinkelt. Der Vorfall wurde für ewig in meinem Gehirn gespeichert. Ich kam jedoch nie jammernd nach Hause. Sollte ich Mutti damit auch noch belasten? Einmal monatlich kam ein Filmvorführer mit allerlei Filmen. Es war nicht immer möglich, 25 Pfennig dafür auszugeben. Wir Kinder mussten sehr früh lernen, auf einfachste Wünsche zu verzichten. Vielleicht wurden hier wichtige Grundlagen für unser gesamtes Leben geschaffen. Mit 14 Jahren wurde ich eingesegnet. Meine große Schwester war in Berlin bei einer Arztfamilie in Stellung. Bei einem Besuch bekam ich dort beim Friseur einen modernen Igelschnitt. Nun kam der schüchterne kleine Peter, 1,88 Meter groß, modern mit Anzug und Bürstenschnitt in die Kirche. Diese kleine äußerliche Verwandlung hatte mich vielleicht auch innerlich verwandelt. Der Pfarrer legte mit Widerwillen seine heiligen Wunderhände über den Teufel. Meine Schwestern haben diesen Akt genau beobachtet. Inzwischen war ich aktiver Schülerfußballer in der Funktion des Torwarts geworden. Beim ersten richtigen Spiel habe ich den Ball elfmal aus dem Netz geholt.

Niemals werde ich den Sommer 1954 vergessen. Die Fußball-WM fand in der Schweiz statt. An einem sehr einfachen Radio, der sogenannten Goebbels-Schnauze, verfolgten wir das Endspiel Ungarn-Deutschland. Nach dem niemals erwarteten Weltmeistertitel feierte die Dorfbevölkerung ausgelassen den Sieg. Nach der fürchterlichen Kriegsniederlage war der Sieg endlich wieder Balsam für die deutsche Seele.

Meine Schulnoten lagen im Schnitt immer so bei 2,5. Die Bemerkung der Lehrer dazu war: Intelligenter Schüler kann mit Fleiß und mehr Sorgfalt bessere Leistungen bringen. Sport eine 2 (Turnen 4, Leichtathletik 1).

Jetzt kam die Entscheidung der Berufswahl. Mein Wunschberuf war Förster. Ich erhielt jedoch eine Ablehnung ohne Begründung.

Staatlich vorgesehen waren Berufe der Landwirtschaft. Nach einigen Mühen blieb mir die Wahl zum Schiffsschlosser, Stahl- oder Walzwerker. Am 1.9.1955 begann ich die Lehre als Stahlwerker in Brandenburg. Ich konnte für wenig Geld im Lehrlingswohnheim wohnen. Da packte ich meine sieben Sachen und sollte nie wieder bei Mutti wohnen. Als Vierzehnjähriger war ich jetzt für mich selbst zuständig. Somit war ein angepasstes Verhalten notwendig. Der Lehrlingslohn im ersten Lehrjahr betrug schon 90 Mark. Mutti musste mit weniger leben. Ein Kumpel vom Dorf war auch dabei und sogar mit auf meinem Zimmer. Bei der Besichtigung des Stahlwerkes bekam ich, aber nur wegen der Höhe der Öfen, Angst. Ich hatte immer ein großes Problem mit Höhe, denn ich war nicht schwindelfrei. Im ersten Lehrjahr hatten wir 35 Stunden Schule. Es war Absicht, uns auf das Niveau der 10. Klasse zu bringen. Die Praxis war die Grundausbildung als Schlosser. Wir hatten mehrere Diplomingenieure als Lehrer. In Brandenburg gab es vor dem Krieg große Werke der Metallverarbeitung. Daher kamen diese guten Fachlehrer.

Meinem Drang, Sport zu treiben, standen hier alle Türen offen. Habe ein Jahr Handball in der Oberliga Junioren Stahl Brandenburg gespielt. Meinen großen Wunsch, ein Rennrad, habe ich selbst in Angriff genommen. Täglich kamen Züge mit Schrott zur Stahlherstellung gerollt. Hier suchte ich einen Sportrahmen zum Bau des Rades. Nach der mühsamen Entrostung und der Vorbereitung zum Anbau der Teile kam der Lackierer zum Einsatz. Nach einem halben Jahr hatte ich meinen Traum vollendet: ein eigenes für den Anfänger gutes Fahrrad. Im Herbst 1955 war unsere Klasse zwei Wochen zur Kartoffelernte in der Prignitz.

Hier begann die nächste Prüfung: Bier trinken und Mädels kennenlernen. Unser Lehrmeister war die erste Nacht nicht auf seinem Lager. Einsame Frauen waren

durch den Krieg in Überzahl vorhanden und leichte Beute für alte Füchse. Eine kleine Freundin hatte ich dann auch angelacht. Es war aber nur Geplänkel. Eines Abends haben wir den ersten Sputnik gesehen. Wir bekamen gutes Essen. Geld konnte man auch noch verdienen, denn es ging auch schon hier nach Leistung. Bei der Abschiedsfeier reichten dann vier kleine Bier zur Volltrunkenheit. Alles geschah noch im zarten Alter von vierzehn Lenzen. Sexualkunde oder Aufklärung der Eltern hatten wir nicht. Im Biologieunterricht wurden diese Themen nicht angesprochen. Bei den damals üblichen Doktorspielen war ich auch nie dabei. Es hatte sich in meinem Körper etwas verändert, aber ich konnte es noch nicht richtig entschlüsseln.

Im Frühjahr 1956 erfolgte dann die erhoffte Fahrt ins Glück. Peter fuhr mit dem Fahrrad zur Brieffreundin nach Goldbeck, dem Dorf vom ersten Ernteeinsatz. Leider wurde es eine Fahrt nach Pechbeck. Das briefliche Versprechen der Angebeteten wurde nicht gehalten. Die 120 km lange Rückfahrt war sehr anstrengend. Einen Brief habe ich der Unzuverlässigen nie mehr geschrieben. Der Ausgang im Wohnheim war vorgeschrieben. Verfehlungen wurden bestraft. Ausgang war bis zum Alter von 16 Jahren Mittwoch und Sonntag bis 21 Uhr, Samstag bis 22 Uhr, ab dem Alter von 16 Jahren Mittwoch und Sonntag bis 22 Uhr, Samstag bis 23 Uhr erlaubt. Natürlich kamen wir auf Tricks. Die Erzieher machten immer Zimmerkontrollen. Wir bauten uns menschenähnliche Puppen, die wir ins verlassene Bett legten. Bei Verspätungen klopften wir beim Kumpel unten am Fenster und kletterten dann rein. Ich wurde ein paar Mal erwischt und als Bestrafung und Bewährung sechs Monate aus dem Heim verbannt.

Nun musste ich wieder zu Mutti aufs Dorf ziehen. Schuld daran war eine neue Freundin. Es war meine erste kleine Liebe, ein tolles schwarzhaariges und griffig gebautes Mädel. Für ihre gute Ernährung war gesorgt, denn sie lernte beim selbstständigen Fleischer Verkäuferin. Ihr Wohnort war vom Heim weit entfernt. Wir trafen uns in der Stadt. Brachte ich sie nach Hause, wurde die Zeit immer sehr knapp. In ihre Wohnung durfte ich nicht. Eines Abends knutschten wir in einem dunklen Torbogen, da drücke sie sich auf mein Knie und fing an zu Stöhnen. Da kam ich total durcheinander und fragte, ob sie einen Arzt brauche. Auf dem Rückweg stieß ich dann wohl auf die wirkliche Ursache. Durch einen Zufall sah ich meine Angebetete mit einem großen schlanken Mann im Kino. Es war ein Stürmerstar der hiesigen Fußballmannschaft. Der Mann war ein paar Jahre älter und kannte sich mit diesen »Krankheiten« aus. Damit war mein zweites Glück auch zerstört. Ich wurde aus dem Heim geschmissen und die griffige Hübsche hatte ich auch nicht mehr. Nach Jahren wurde ich ein Mitspieler des Stürmers und wir sprachen über die Geschichte. Der Rausschmiss hatte auch etwas sehr Gutes für mich. Ich war jetzt ein kleiner Leistungssportler geworden. Wöchentlich waren es schon 300 km zum Stahlwerk. Jetzt war ich 16 Jahre und spielte in der Juniorenmannschaft von Stahl Brandenburg Fußball. Dort hatte ich auch noch wöchentlich dreimal zwei Stunden Training. 1957 fand die Kleine Friedensfahrt für den Kreis Brandenburg statt: mein erstes Wettkampfrennen. Die Strecke betrug 72 km. Bei der Startanmeldung wurde ich dafür belächelt, mit einem selbstgebauten Fahrrad zu starten. Meine teure französische Gangschaltung wurde außer Betrieb gesetzt. Bis zum Alter von 18 Jahren war keine Schaltung zugelassen. Nach zwei Stunden fuhr ich mit großem Vorsprung als Sieger durchs Ziel. Danach bin ich noch weitere drei Rennen gefahren, doch bei der Bezirksmeisterschaft bin ich als Ausreißer gestürzt und durfte nicht zur DDR-Meisterschaft. Das Fahrrad war Schrott und ich war verletzt. Ich habe auch ein paar Mal mit richtigen Rennfahrern trainiert, war beleidigt und ging nicht mehr zu meinem neuen Verein. Den Grund meiner staatlichen Förderung als Talent habe ich damals nicht erkannt und wäre auch auf die Ursache nie gekommen. Mit Boxen habe ich es auch versucht. Es waren ja nur Berufsschulgegner. Nach drei Kämpfen hatte ich keinen Gegner mehr. Dreimal waren es K.O.-Siege, mein bester Kumpel war auch ein Betroffener.

Im Stahlwerk haben wir ab dem zweiten Lehrjahr dann auch gearbeitet. Die Stahlherstellung war eine sehr interessante Arbeit: sehr schwer, sehr heiß, sehr unfallträchtig. Zwischenfälle mit toten Kumpels gab es nicht selten. Sehr eindrucksvoll war der Abstich der fertigen Charge. Die heutigen Stahlwerke sind modern und nicht so gefährlich. Ein guter erfahrener Schmelzer erkannte den Schmelzzustand schon durch Sichtkontrolle. Die Werte der Laboruntersuchungen waren immer die Grundlage des fertigen Stahls. Viele dieser guten Facharbeiter sind mit ihren Familien in den westlichen Teil Deutschlands gegangen. Dort waren die Stahlwerke schon moderner, die Arbeit somit leichter und die Entlohnung besser. Einen Rückkehrer hat es in meiner Zeit nicht gegeben. Da Arbeitskräfte im Stahlwerk fehlten, mussten zwei Lehrlinge eine Planstelle besetzen. Wir waren zum Teil erst 16 Jahre alt und wurden in drei Schichten eingesetzt. Der Stahlbedarf der armen DDR war wichtiger als Kinderarbeit. Irgendwelche arbeitsrechtliche Zweifel hatten wir Lehrlinge nicht.

An einem Sommerabend stand ich mit dem Fahrrad am Wiegehäuschen im Dorf meiner Kindheit. Hier war der Treffpunkt der Dorfjugend. Es kam der sogenannte Anführer und der begann die alten Sprüche und Sticheleien mit mir. Der arme Kerl hatte mich total unterschätzt. Aus dem halbverhungerten Stoppelhopser von 1951, den man fesseln und anpinkeln konnte, war eine 80 kg durchtrainierte Muskelmasse geworden. Es dauerte keine Minute und zwei verletzte vollgefressene Bauernbengel gingen zu Boden. Nun hatte meine Seele ein Problem weniger. Im Dorf und Umgebung wurde ich nie wieder beleidigt. Der Anführer war dann ein paar Wochen krankgeschrieben. Die Strecke zum Stahlwerk war 18 km lang. In ca. 30 Minuten war ich mit dem Fahrrad vor Ort. Der Linienbus mit Anhänger schaffte es nicht so schnell. Bei den Busfahrern und den Insassen war ich schnell bekannt. Nur zur Not war ich auch mal Insasse. Meinen

Traum, ein neues Diamantrennrad zu besitzen, konnte ich dann im 3. Lehrjahr erfüllen. Mein Idol Täve Schur fuhr ja auch mit dieser Marke. Ein Lehrer aus der Berufsschule war stolzer Besitzer eines PKW P 70. Er wollte testen, wie schnell ich auf meinem neuen Rennrad fahren konnte. Auf einer glatten Landstraße außerhalb der Stadt fand nun der Test statt. Im Windschatten seines Autos sollen es ca. 72 km/h gewesen sein. Der P 70 fuhr ja auch nicht viel schneller. Am 1.5.1958 beim Umzug der Betriebe und Sportler marschierte ich bei den Sportlern von Stahl Brandenburg. Nach dem Umzug stand ich mit meinen Kumpels auf der großen Havelbrücke und wir alberten herum. Ein Kumpel gab mir ein dickes Seil in die Hand. Es war mit einer Hand nicht zu halten und rutschte mir weg. Jetzt begann ein Drama, denn an diesem Seil hingen die Fahnen, welche die Brücke schmückten. Diese ganze Pracht fiel ins Wasser. In wenigen Sekunden wurde ich abgeführt und ins Polizeipräsidium gebracht. Meine Kumpels haben mich reingelegt und den Ärger hatte jetzt ich. Damit war meine schöne Feiertagsstimmung dahin. Nach vielen Verhören wurde ich wieder entlassen. Die Staatsflagge zu demontieren, wurde mit Zuchthaus bestraft. Es wurde wahrscheinlich auch als Missgeschick gewertet.

In der Zwischenzeit war ich wieder Heimbewohner geworden und die Facharbeiterprüfungen begannen. Meine Freizeit war durch mein Sporttreiben ausgefüllt und zum Lernen hatte ich auch nicht viel Lust. Die theoretischen Prüfungen wurden im Schnitt mit einer 3, die praktischen Prüfungen mit einer 2 abgeschlossen.

Jetzt war ich 17 Jahre alt und ein gut ausgebildeter Stahlwerker. Meine Zukunft wurde nun abrupt in andere Bahnen gelenkt. Unsere Abschlussklasse wurde jetzt von sehr wichtigen Herren gebeten, doch nicht Stahl zu schmelzen, sondern den Frieden zu sichern. Beim zweiten Besuch der Herren wurde die Klassentür verschlossen und 25 gut ausgebildete Stahlwerker unterschrieben »freiwillig«, unsere Staatsgrenze zu schützen. Im Stahlwerk hat von denen keiner mehr gearbeitet.

Kurz vor dem Auszug aus dem Heim hatte ich eine Freundin. Jetzt kannte ich ja schon theoretisch die sonderbare gut zu heilende Krankheit. Die praktische Heilung ist mir diesmal auch gelungen. Nun war ich auch ein Mann und ganz stolz darauf. Mein gutes Rennrad hat man mir auch noch gestohlen.

Ab 1.9.1958 kam ich nach Potsdam/Babelsberg zur Deutschen Grenzpolizei. So ganz abgeneigt, zu dienen, war ich nicht. Meine innere Einstellung war den theoretischen Zielen des Staates sehr ähnlich. Ich habe als 12-jähriger vom Volksaufstand auf dem Dorf nichts mitbekommen. Sportlich war ich in Form, gut verpflegt auch. Mit mehreren Kumpels im gleichen Zimmer zu leben, kannte ich schon vom Lehrlingswohnheim. Nach der Grundausbildung blieb ich

im gleichen Objekt. Durch meine Fitness hatte ich bald einige Sonderstellungen. In vielen Sportarten wurde ich für Auswahlmannschaften nominiert. Es war in Fußball, Handball, Volleyball und Leichtathletik. Somit war ich bei vielen Wettkämpfen und oft unterwegs. Der Dienst an der Grenze war bis zum Mauerbau sehr menschlich und locker. Die Grenzbevölkerung war uns Grenzern gegenüber positiv eingestellt. Wir kannten im Laufe der Zeit fast jeden Bewohner unseres Grenzabschnittes. Kamen Fremde durch unseren Abschnitt, so wurden diese kontrolliert. Waren die Papiere in Ordnung, hatten sie kein

Problem. Ich machte nach einem Jahr kaum noch Grenzdienst. Meine Tätigkeit war jetzt im Objekt als Diensthabender der Kompanie, praktisch als »Mädchen für Alles«. Im Ausgang war ich längere Zeit in Zivilsachen unterwegs. Ein Problem war eine passende Ausgangsuniform. Ich musste zur Sonderanfertigung nach Berlin und dann klappte es doch noch. Bei einem Kadergespräch bekam ich den Vorschlag, Sportoffizier zu werden. Als normaler Gefreiter war das Angebot, eine Offizierslaufbahn einzuschlagen, außergewöhnlich und erhielt meine Zustimmung. Nach einigen Vorbereitungslehrgängen wartete ich mit den gepackten Sachen auf meine Abholung zur Offiziersschule. Nach längerer Wartezeit bekam ich die Nachricht einer Ablehnung des Schulbesuchs durch das Ministerium des Inneren. Eine Unteroffiziersschule war der darauffolgende Vorschlag, den ich sofort ablehnte. Im Nachhinein war die Ablehnung ein Segen für mich. Mit 19 Jahren war ich noch viel zu jung und unerfahren. Langsam wurde ich nachdenklich und fand vielleicht die Ursache. Unsere Familie war ab einer bestimmten Ebene kaderpolitisch nicht geeignet. Im weiteren Leben konnte ich diese Annahme noch oft spüren. Sportlich war ich nur bis zu einer bestimmten Ebene förderbar. Am 30.12.1959 hatte ich Urlaub und war bei meiner Schwester in Berlin. Beim Besuch einer Gaststätte am Alexanderplatz lernte ich eine junge Frau kennen. Ich hatte Zivilgenehmigung und war als Grenzer nicht erkennbar. Wir gingen zur S-Bahn und ich wollte die Hübsche nach Hause bringen. Wir fuhren Richtung Friedrichstraße, die Dame wohnte jedoch aber in Westberlin. Ich bat sie, mit mir an der nächsten Station auszusteigen. Wir stiegen aus und das große Problem begann. Wir wurden sofort kontrolliert und getrennt abgeführt. Ein DDR-Grenzer mit einer Westberlinerin: Diese Geschichte war sehr verdächtig. Die Frau nahm an, ich hätte sie bei den Staatsorganen angezeigt. Westberliner kamen gerne nach Ostberlin einkaufen und essen. Grund war der günstige Wechselkurs von DM zu Ostmark. Ich wurde mehrere Stunden verhört, habe aber immer die wahre Geschichte erzählt. Dann wurde ich mit einem Beiwagenmotorrad in einen Stasiknast nach Mahlow-Blankenfelde gebracht. Meine Kleidung war für diese Reise nicht geeignet. Ein Posten mit einer Maschinenpistole im Anschlag bewachte mich. Unschuldig und halb erfroren konnte ich die staatliche Macht hautnah erleben. Nach vielen Verhören wurde ich zu meiner Kompanie nach Babelsberg überführt. Ich wurde als treuer Genosse von den eigenen Kumpels mit geladener Waffe bewacht und abgeführt. Nach weiteren Verhören durch den Stasi-Offizier wurde ich freigelassen. Meine Gedanken und Gefühle kamen völlig durcheinander. Wie ungerecht kann man einen Unschuldigen behandeln. Dieses Erlebnis veränderte mich total. Ab jetzt habe ich nicht mehr unterwürfig nur an das Gute geglaubt. Die Umsetzung von politischen Thesen mit dem praktischen Leben ging nicht immer konform. Eine Unterschrift bei den Verhören hätte mich zum IM der Stasi gemacht. Der Verdacht bestand, ich wäre ein Agent für den Erzfeind. Sämtliche Briefe bekam ich dann vom »Aufklärer«. Als Offizier war ich für den Staat nicht geeignet, als Judas aber wäre ich geeignet gewesen.

1959 wurde ich dann Fußballer bei SG Rot Weiß Netzen. Der Tischlermeister des Ortes holte mich von der Kaserne mit einem Motorrad ab. 1960 machte ich den Führerschein aller Klassen. Ein gebrauchtes Motorrad habe ich mir dann auch gekauft. So war ich jetzt mobiler und war damit oft bei Mutti. Meine Mutter lebte sehr zurückgezogen nach ihren eigenen Vorstellungen. Sie wurde von vielen Menschen enttäuscht. Einen neuen Partner hatte sie nicht mehr. Die meisten Nachbarn waren nicht ihre besten Freunde. Die Bücher der Dorfbibliothek hat sie alle gelesen. Ihre Art, gerade und ehrlich durchs Leben zu gehen, war für viele Menschen ein Problem. Wir durften als Kinder nicht klauen. Bei ein paar Kartoffeln hatte sie schon Probleme. Beim Sack mit Grünfutter für unsere Tiere war alles in Ordnung. Das von uns genutzte Grundstück mit dem Häuschen wurde privat verkauft. Die Besitzer waren nach außen hin sehr strenggläubige Katholiken. Eine elektrische

Wasserversorgung wurde gebaut. Das Wasser aus der Leitung zu verbrauchen, war Mutter nur ohne Schlauch erlaubt. So musste die sehr kranke Frau ihren Garten mit der Kanne gießen. Als Begründung dieser Vorschrift wurde eine Überlastung der Pumpe vorgeschoben. Wir Kinder haben versucht, das Problem in Ruhe und anständig zu lösen. Den Bürgermeister und den Eigentümer habe ich persönlich gesprochen, aber ohne den erwünschten Erfolg. Wir Kinder und unsere Partner verbrachten gerne im Sommer den Urlaub dort. Viele einsame Badeseen und Pilzwälder waren für uns Großstädter wichtig. Den selbstgebackenen frischen Blechkuchen brachte uns Mutter zur Badestelle am See. Damals waren wir fast immer an der Badestelle unter uns. Die einheimischen Dorfbewohner gingen selten zum Wasser. Die Dorfkinder badeten in den Ton- oder Kieslöchern direkt im Dorf.

1960 war ich beim Grenzdienst auf einer Grenzstraße als Postenführer eingesetzt. Unter den Passanten lief eine fesche Blondine mit schwingenden Hüften an mir vorbei in Richtung meines Kumpels. Sofort rief ich ihn an, um diese Dame zu kontrollieren. Zufällig hatte sie ihren Ausweis vergessen und der Posten bat mich, zu kommen und eine Entscheidung zu treffen. Aus einem Geck wurde Dienstliches. Die stark empörte Schönheit wurde zur Wache gebracht und persönlich überprüft. Ihre angegebenen Daten wurden über-

prüft und sie wurde nach Hause gelassen. Jetzt kannte ich ihre Adresse und schrieb ihr einen lieben Brief. Nach zwei weiteren Briefen trafen wir uns. Ihre Enttäuschung war groß, sie glaubte, der nette Schreiber wäre der andere Posten. Den fand sie hübscher. Wir heirateten im Herbst 1961. Im Januar 1962 kam dann das Ergebnis unserer Liebe: meine Tochter Corinna.

Den Mauerbau am 13.8.1961 habe ich hautnah miterlebt. Am 12.8.1961 um 18:00 Uhr begann mein Dienst als »Unteroffizier vom Dienst«. Mein Dienstgrad war Stabsgefreiter. Es war ein normaler Samstag bis ca. 22:00 Uhr. Dann kamen die Offiziere der Abteilung zu einer Besprechung zum Stab. Um 0:30 Uhr war diese beendet und die Offiziere fuhren aufgeregt zu ihren Dienststellen. Etwas Wichtiges lag in der Luft. Der Alarmbefehl kam ca. 1:20 Uhr: Grenzalarm mit Gefechtsausrüstung mit sämtlicher Ausrüstung und allen Waffen. Wir mussten auf dem Appellplatz mit wichtiger Rede antreten. Meine Gedanken waren bei Krieg und Tod. Es war unbeschreiblich, was in den nächsten Stunden alles passierte. Soviel Befehle konnte ich nicht ausführen. Der S-Bahn-Bereich und Steinstücken waren unser Abschnitt. Es geschah etwas, mit dem ich nie gerechnet hätte. Jeden Moment erwartete ich den Beginn eines Krieges. Damit kannte ich mich ja schon aus. Ich rechnete ganz stark mit der Gegenwehr der Westmächte. Die Sommernacht war warm, aber mir wurde mal kalt und mal heiß. Ich musste sehr viele Rückkehrer, die über die grüne Grenze aus Westberlin kamen, versorgen. Einen Grenzsoldaten brachte man von der Grenze. Ihn musste ich einsperren. Er hatte eine Äußerung gemacht, die strafbar war. Er wollte unbedingt am 13. zu seiner Fußballmannschaft. Bei der Zellenkontrolle stimmte etwas nicht. Der Grenzer hatte versucht, sich aufzuhängen. Ich war Mitschuldiger, weil ich ihn nicht richtig durchsucht hatte. Er hatte ein paar Meter Plastikschnur in der Tasche versteckt. Zum Glück ist diese gerissen. Den Grenzer habe ich nie wieder gesehen. Zum Verhör des »Aufklärers« musste ich auch wieder. Bestraft wurde ich nicht.

Meine Dienstzeit war bald zu Ende. Das gewohnte Grenzerleben war nun vorbei. Wir erhielten Verstärkung. Für mich begann wieder der Grenzdienst. Die erfahrenen und als zuverlässig eingeschätzten Grenzer wurden als Postenführer eingesetzt. Es gab noch sehr viele gelungene Fluchten. Man hatte täglich Angst um sein Leben. Die Grenzer und die Verstärkungen waren auch Flüchtlinge Richtung Westberlin. Man konnte jederzeit mit Gewalt rechnen. Die zu Westberlin gehörende Enklave Steinstücken war jetzt völlig mit Stacheldraht abgeriegelt. Eines Tages kam ein Ami-Hubschrauber und landete in der Enklave Steinstücken. Ich war kopflos und wollte keinen Fehler machen und rief zur Dienststelle an. Es war der amerikanische Stadtkommandant Clay. Die Aktion war für uns Grenzer schwer einzuschätzen. Später war hier ständig ein Ami-Posten. Die geflüchteten Menschen wurden dann von Steinstücken nach Westberlin geflogen. Kurz nach der Grenzschließung stand ich auf der Steinstraße Posten, da kam eine mir bekannte Frau mit einem Wäschepaket. Dieses Paket übergab ich über den Stacheldraht ihrem Vater, der im Westen wohnte. Ich wollte menschlich sein, wurde aber wieder angezählt. Meine Zuverlässigkeit bei der Grenzsicherung war gefragt nicht aber meine normale Menschlichkeit. Diese Widersprüche waren für mich nie nachvollziehbar. Die Anzahl der Tage bis zur Entlassung standen auch nicht mehr fest. Eine Entlassung wurde für die Zeit nach dem Abschluss eines Friedensvertrages in Aussicht gestellt. Die Bahngleise von Drewitz nach Berlin verliefen durch Steinstücken. Hier war ein Stück Grenze offen und ein Posten war am Bahnwärterhäuschen ständig postiert. Kam ein Zug, stand je ein Posten auf jeder Seite bei geschlossener Schranke. Ich kam mit meinen Posten zum Wärterhäuschen zur Nachtschicht. Da kündigte sich ein Zug an. Ein Posten musste zur anderen Schrankenseite. Ein uns bekannter Grenzpolizeihelfer übernahm diese Aufgabe. Der Zug fuhr durch. Da hing ein Mann zwischen Stacheldraht und Schranke. Er kam frei und rannte in Richtung »Am Gehölz« in Babelsberg. Der treueste Genosse Grenzhelfer war auch nicht mehr da. Grenzalarm wurde ausgelöst und die Gegend abgesucht. Eine Hausbewohnerin meldete einen fremden Mann im Haus. Der Mann wurde gefunden und damit klärte sich auch der Vorfall. Der treue Genosse Grenzhelfer hatte eine Flucht geplant und erfolgreich beendet.

Der Letzte der Gruppe ist hängen geblieben und hat es nicht geschafft. Die genaue Anzahl der erfolgreich Geflüchteten weiß ich nicht mehr genau. Vielleicht waren es 12 Personen. Jetzt war ich noch durch einen angeblich treuen Genossen geleimt worden. Kurz vor dem Mauerbau hat sogar ein Parteisekretär unserer Kompanie der Republik den Rücken gekehrt. Das sollte ich als 20-Jähriger verstehen. Der Postendienst an der Grenze war unberechenbar. Unsere Einheit hatte sich um ein Vielfaches vergrößert. Das bisher gute menschliche Verhältnis mit der Grenzbevölkerung wurde immer schlechter. Die Sache mit dem Friedensvertrag war wohl auch aufgegeben. Unsere Entlassung war der 10.11.1961. Die Urkunde »Vorbildlicher Soldat in Ehren entlassen« bekam ich auch noch. Ein großer unsichtbarer Stein ist an diesem Tag von meinem Herzen gefallen.

Eine Frau und eine kleine Wohnung bei den Schwiegereltern hatte ich auch. Ein Stahlwerk war ja nicht in der Nähe von Potsdam und so suchte ich irgendeine Arbeit. Am 20.11.1961 begann ich die Arbeit als Schlosser im Kraftverkehrsbetrieb Potsdam/Babelsberg. Nun wollte ich LKWs und Traktoren reparieren, hatte aber keine Ahnung von speziellen Arbeiten an diesen Fahrzeugen. In diesem Moment kam die gute Ausbildung als Stahlwerker zum Tragen. Nach ein paar Monaten verstand ich die Funktionen der Fahrzeugteile. Die Fachbücher bekam ich von Kollegen geliehen und studierte diese. Mit den Augen habe ich wohl am besten gelernt. So bekam ich gleich einen Facharbeiterlohn von 2,25 Mark/Stunde plus Leistungszuschlag. Ich musste bald feststellen, dass die Parolen auf den Plakaten und in den Medien mit der Wirklichkeit nicht konform waren. Die Materialversorgung und Ersatzteilbeschaffung war sehr schwierig, Regale gefüllt mit Ersatzteilen ein Wunschtraum. Mit viel Einfallsreichtum wurden die Probleme gemeistert. Alle Schlosser hatten ihre eigenen verschlossenen Werkbänke und große Kramkisten gab es auch noch einige. Zur Abendschule bin ich auch gegangen. Dort war für mich nicht mehr viel Lernbares. Der Lehrplan war das Niveau vom 1. Lehrjahr in Brandenburg. Diese gelegten Grundlagen haben mir im gesamten Arbeitsleben sehr geholfen. Dabei war ich nie ein Streber in schulischen Dingen.

Meine sportliche Betätigung wurde immer weniger. Ich spielte zwar noch in der Bezirksklasse in Netzen Fußball, trainiert habe ich jedoch kaum. Fußball ist ja auch ein Sport, der nicht sehr hohe sportliche Ansprüche braucht. Ein Läufer oder Radfahrer kann nicht anhalten und sich mal kurz ausruhen wie ein Fußballer. Es gab ja auch noch viele angenehme Dinge des Lebens zu entdecken.

Meine Tochter erblickte am 19.1.1962 das Licht der Welt. Ich war sehr aufgeregt und kopflos, meine Schwiegereltern noch mehr als ich. Dann bin ich einfach mit meiner AWO Sport zur großen Schwester nach Berlin gefahren. Es lag Schnee, war glatt und sehr kalt.

In den nächsten Jahren merkte ich eine große Unzufriedenheit in mir. Die Verhältnisse mit der Wohnung bei den Schwiegereltern stimmten irgendwie nicht. Eine eigene Wohnung zu bekommen, war ein großes Problem. Wahrscheinlich war ich noch viel zu jung, um meine Aufgaben in einer Ehe zu meistern und begann nach anderen Dingen zu trachten.

Unser Töchterchen kam zur Oma nach Netzen. Meine Frau ging wieder arbeiten. Mein damaliger Lohn reichte nicht aus. Meine Arbeit machte mir Spaß, so wurde ich nach wenigen Jahren Brigadeleiter und habe in Schicht gearbeitet. Politisch und gesellschaftlich habe ich mich nicht in den Vordergrund gekämpft. Dafür gab es schon ausreichend viele Schwätzer. Die fleißigen Arbeiter waren meiner Meinung nach wichtiger. Irgendwie bekam ich als Kind den Satz eingeimpft: »Ohne Arbeit kann man nicht essen«. Vom sinnlosen Geschwätz wird man nicht satt. Die Massendemos am 1. Mai und 7. Oktober konnte ich fast immer umgehen. Dann habe ich eine gute Taktik gehabt. Bei der Arbeit gab ich Sport an. Beim Sport die Arbeit.

Ein Zelturlaub mit meinem Freund B. aus N. in Klein Zicker/Insel Rügen hatte einen besonderen Zwischenfall. Im Nachbardorf Groß Zicker fuhren wir mit der AWO Sport zum Tanz. Mit einer nächtlichen Polizeikontrolle war nach unseren Vorerkundigungen nicht zu rechnen. Der örtliche Dorfpolizist hatte nur ein kleines Moped und machte keine Kontrollen. Die Rückfahrt übernahm mein Freund B. Mit einigen Bierchen im Blut und zwei netten Mädchen im Arm ging die Fahrt Richtung Zeltplatz. Mein Freund am Lenkrad, die Bräute dahinter und ich auf dem

Gepäckständer. Meine langen Affenarme sollten der lustigen Fuhre den nötigen Halt geben. Die lustige Fahrt ins ersehnte Happyend wurde durch einen Halt einer Polizeikontrolle dramatisch. Wir glaubten, der Dorfpolizist wäre der Kontrollposten und die Flucht begann. Es war aber eine Großkontrolle der Kreispolizei Bergen. In einer Kurve verlor eine Braut ihre Handtasche und die Verfolger hatten uns gestellt. Ein Verkehrsvergehen in dieser Art war für die Polizisten auch einmalig. Die restliche Nacht war jetzt für uns im Eimer. Mein Freund wurde nach Bergen aufs Amt gebracht. Die Bräute waren jetzt nicht mehr willig und ich alleine im Zelt.

1965 begann ich bei Motor Babelsberg Fußball zu spielen. Bis 1986 spielte ich in verschiedenen Ligen, von der Kreisklasse bis zur DDR-Liga. Ich war immer ein zuverlässiger Mitspieler aber kein Streber. Mit mehr Anpassung und mehr Training hätte es bestimmt zu mehr gereicht. Meine persönliche Freiheit in allen Belangen war mir wichtiger. Motor Babelsberg bekam den staatlichen Auftrag, ein Freundschaftsspiel beim Klassenfeind zu bestreiten. Kaderpolitisch war ich natürlich nicht dabei. Es war ja auch nur der sportliche Vergleich vorgetäuscht. Im Prinzip war es hochpolitisch und sollte den Anschein von Reisefreiheit vortäuschen. Jetzt hatten bestimmte wichtige Personen in den Staatsdienststellen viele Akten zu sichten, um den Reisekader zu bestätigen. Beim Klassenfeind ist zum

Glück kein Spieler geblieben und die verantwortlichen Genossen konnten sich gegenseitig auszeichnen. Den Grund meiner Nichtteilnahme hat mir kein Vereinsgenosse gesagt. Es waren auch nur Marionetten der Politik, welches sie selbst nicht erkannten oder nicht erkennen wollten. Als 12-Jähriger wurde ich Pionier. Mit 14 Jahren trat ich in die Freie Deutsche Jugend ein. Gewerkschaftsmitglied wurde ich mit 14 Jahren. 1965 bekam ich meinen ersten und letzten Urlaubsplatz von der Gewerkschaft. Der sogenannte Urlaubsplatz war ein kleiner Campinganhänger in Kölpinsee/Usedom mit Selbstverpflegung. Es war Anfang Mai und noch sehr kalt. Ab 1967 war ich Single und bekam trotz einiger Anträge keinen Urlaubsplatz mehr. Eine Kuba-Reise mit dem Luxusschiff »Völkerfreundschaft« bekam ich ebenfalls nicht. 1982 nach sehr vielen abgelehnten Urlaubsreisen bin ich wutentbrannt zum Kreisvorsitzenden ins Büro gestürmt und habe das Mitgliedsbuch auf seinen Schreibtisch geworfen. Jetzt sollte ich sofort eine Reise bekommen, lehnte jedoch jede Versöhnung ab.

Im Winter 1966 übernahm ich arbeitsmäßig eine neue Aufgabe. In einer Zweigstelle des Kraftverkehrs sollte eine Werkstatt errichtet und geleitet werden. Es war eine ehemalige privat geführte Werkstatt mit Tankstelle. So begann ich dort mit einem Mitarbeiter zu arbeiten und die Werkstatt einzurichten. Die Aufgabe kam mir sehr entgegen, da ich nur für den Mitarbeiter und für mich die Verantwortung hatte. In der nächsten Zeit habe ich ein paar Lehrgänge besucht. Es ging dabei um Arbeitsschutz, Brandschutz und die Schweißerprüfung. Im Laufe der Zeit kamen noch ein paar Mitarbeiter dazu. Diese Kollegen waren Kraftfahrer, die ihren Führerschein aus irgendwelchen Gründen abgeben mussten. Ich bekam einen kleinen Lieferwagen für die Ersatzteilbeschaffung und hatte auch ein kleines Büro. Nun war ich auch für irgendwelche Unterschriften zuständig. Da begann mein ständiges Problem mit der Gerechtigkeit. Bei der Höhe der Jahresendprämie waren für mich Fleiß, Pünktlichkeit und Anwesenheit die Grundlagen. Mein Vorgesetzter bestand darauf, die Parteizugehörigkeit positiv mitzubewerten. Dies war der Anlass meiner Bitte, mich der Verantwortung zu entbinden. So arbeitete ich dann wieder als normaler Schlosser im Hauptbetrieb. Ich suchte aber schon eine andere Arbeit. Ich bekam damals den Höchstlohn von 2,50 Mark plus 30 % Leistungszuschlag. Mit Überstunden und Zuschlägen waren es ca. 560 Mark.

1969 begann ich als Einkäufer und Schlosser in einem kleinen Privatbetrieb zu arbeiten. Meine Vorstellungen haben sich dort auch nicht erfüllt. Hier waren es keine gesellschaftlichen Gründe. Eine kleine Werkstatt sollte den eigenen Fuhrpark betreuen. Der Betrieb handelte mit Kies aus eigenen Gruben. So wurde aus Naturkies reines Geld. Baustoffe waren in jeder

Art in unserer Republik Mangelware. Ich bemerkte im Betriebsablauf einige Unregelmäßigkeiten. Ich versuchte nicht, diese eingespielten Abläufe zu ändern. 1967 erfüllte ich mir den großen Traum vom eigenen Auto. Es war ein Oldtimer Kabrio DKW F2 Baujahr 1933. Ein paar Stunden Freizeit mussten geopfert werden. Die Komplettrestauration war nicht gewollt und finanziell auch noch nicht möglich. Nach ein paar Wochen Arbeit war dann mein »Bogomil« fahrbereit. Der Kauf eines modernen Autos war damals sehr teuer und kaum möglich. Die normale Wartezeit mit Anmeldung betrug bis zu 15 Jahre. Ab jetzt fuhr ich nur noch Auto und verkaufte das Motorrad.

Im Frühjahr 1967 wurde ich glücklich geschieden. Eine eigene Wohnung bekam ich dann noch im gleichen

Herbst. Mit meinem Bogomil machte ich auch ein paar Reisen zur Ostsee. Bei irgendwelchen Störungen saß der Schlosser am Lenkrad und konnte sich immer helfen. Diese Leidenschaft für Oldtimer war gezündet und sollte nie mehr erlöschen. Nach einer schönen Ostseereise brachte ich mein Gepäck in die Wohnung und im Radio war Schlagermusik. Als ich wieder zum Auto kam, erwartete mich ein Polizist. Im Radio liefen die 21 Uhr Nachrichten vom Feindsender »Rias Berlin«. Ich wurde auf dem Polizeirevier von einem Mitarbeiter des Ministeriums des Inneren verhört. Der Kaderleiter meines Betriebes machte eine Eintragung in meiner Personalakte verbunden mit einer strengen Ermahnung.

Ab 1.2.1970 begann ich eine neue Tätigkeit als Taxifahrer. Meine Kaderakte war nicht auffindbar und somit durfte ich auch noch nicht als Fahrer eingesetzt werden. In der Übergangszeit arbeitete ich als Schlosser in der Taxiwerkstatt. Ebenfalls hatte ich auch noch die Prüfungen für die Taxiberechtigung und den Busschein abzulegen. Von meiner beruflichen Vergangenheit habe ich den neuen Kollegen in der Werkstatt nicht sofort erzählt. In den ersten Tagen wurde ich einem Azubi als Handlanger zugeteilt. Der Meister der Werkstatt hatte die Art eines Herrschers. Ein Kraftfahrer war für ihn ein Nichts. Als Neuer wurde man überhaupt nicht für voll genommen. Eines Tages kam der Meister in die Werkstatt gerannt und schrie »der Bendich ist ja Meesta«. Inzwischen war das Wichtigste eines DDR-Bürgers gefunden, meine Kaderakte. Jetzt wurde ich auch ein wenig akzeptiert. Es wurden noch 16 sehr interessante Jahre in diesem Betrieb. Meine erste Fahrt mit einem alten Moskwitsch 407 nach Görlitz machte ich in dieser Zeit. Es war Anfang März und wir hatten Schnee in Rekordhöhe. Das Auto hatte Sommerreifen. Nach geglückter Heimkehr wusste ich erst, dass das Autofahren sehr anstrengend sein kann. Den großen Traum vom Autofahren vieler junger Menschen konnte ich mir hier erfüllen. Wichtig war für mich, selbstständig zu arbeiten. Ein Taxifahrer fährt ja Menschen und keine Güter. In den Jahren erlebte ich die tollsten Geschichten. Auf jeden Fall war es selten langweilig. Bei allen Straßen und Witterungsverhältnissen die Fahrgäste und das Taxi gesund und unfallfrei nach Hause zu bringen, war meine Aufgabe. Die Arbeitszeit betrug ca. 60 Stunden wöchentlich. Als Busfahrer wurde ich auch eingesetzt. Zwar hatte ich den Führerschein aber keine praktischen Erfahrungen. Eines Tages musste ich mich bei der Buseinsatzstelle melden und bekam den Auftrag, sofort in einen voll besetzten Bus mit Anhänger zu steigen und die Linie zu fahren. Ich hatte diesen Bus noch nie gefahren, kannte die Haltestellen nicht jedoch den Zielort. Ich war etwas nervös, habe es mit etwas Schmunzeln der Fahrgäste allerdings gemeistert. Ein netter Fahrgast stand neben mir und hat mir die Haltestellen gezeigt. Bei der Rückfahrt war kaum ein Fahrgast im Bus, da war die Schaffnerin bei mir und wir haben über diese kuriose Fahrt gelacht. Als Aushilfsfahrer bekam man immer die Reservebusse. Diese waren selten in Ordnung. Manchmal mussten die Fahrgäste aussteigen und den Bus anschieben. Somit kamen sie pünktlich nach Hause.

Im Frühjahr 1972 habe ich durch Zufall einen vielgesuchten Oldtimer aufgespürt, einen BMW Sportrennwagen von 1934. Der Preis entsprach sechs Monatslöhnen. Ich kannte diesen Typ noch nicht. Es war ein BMW 315/1 Baujahr 1934. Irgendwelche technischen Unterlagen hatte ich nicht. Eine schriftliche Anfrage beim ehemaligen Hersteller in Eisenach war vergebens. Der Brief zum BMW Werk München kam über Umwege dort an. Nach mehreren Monaten bekam ich vom DDR-Zollamt ein paar Unterlagen aus München. Bald lernte ich die BMW Szene der DDR kennen und somit konnten viele Fragen und Probleme gelöst werden. Technisch in Ordnung und verkehrssicher musste der Zustand schon sein. Nach ein paar Monaten schrauben war mein »Fridolin« technisch für den normalen Straßenverkehr zugelassen. Alle Arbeiten außer lackieren und polstern habe ich selbst durchgeführt. Jetzt begann sich mein Bekanntenkreis zu verändern. Es wurden lebenslange enge Freundschaften geschlossen. Viele große Reisen nach Ungarn und Polen wurden unvergesslich. Ich bin dabei bis ca. 1.000 km als Tagesstrecke gefahren. Hotels zu finden, war Zufall. Hätten wir Kennzeichen aus kapitalistischen Ländern gehabt, wäre es kein Problem gewesen. Diese Gäste hätten ja mit Valuta bezahlt. Die Oldtimer-Treffen in Ungarn und Polen waren mit Teilnehmern aus westlichen Ländern international angelegt. In der DDR war es staatlich nicht erlaubt. Informanten des Ministeriums für Staatssicherheit waren auch unter den Teilnehmern. In Potsdam habe ich auf privater Basis viele Treffen organisiert. Die Sicherheitsorgane waren immer bestens informiert. Mein gesamter mündlicher sowie schriftlicher Kontakt wurde überwacht. Bei einer Reise mit dem Autozug von Dresden nach Varna (Bulgarien) wurde ich drei Wochen Tag und Nacht beschattet. Zwei Aufpasser des MFS waren immer dabei. Bei der Rückreise wurden meine Mitreisenden und ich stundenlang gefilzt: Jeder Strumpf, die Schlipsknoten, sogar die dreckige Unterwäsche wurde inspiziert. Bei der Abfahrt vom Autozug in Dresden wurde mein Oldtimer gründlich untersucht. Glücklicherweise gab es keine Beanstandungen der Zöllner. Meine Veranstaltung im August 1989 in Potsdam hat den staatlichen Stellen sehr viel Aufmerksamkeit gekostet. Ich hatte das Hotel Cecillienhof als Unterkunft für die Teilnehmer bestellt. Die Zimmerbestellung bekam ich nur wegen der drei Valuta-Zahler aus der BRD zustande. Kurz vor Anreise meiner Gäste wurde meine Bestellung verändert. Die Valuta-Zahler konnten für drei Nächte anreisen. Meine DDR-Freunde nur für eine Nacht. Die DDR-Bürger habe ich in einem Arbeiterwohnheim einquartiert. Unser Filmmuseum hatte ich auch für unser Treffen bestellt. Die historischen Filme, welche unserem Hobby entsprachen, wurden öffentlich aufgeführt. Ein Freund gab mir ein Schriftstück von staatlicher Stelle zur Ausleihung der Filme. Die Filme bekam ich aus einem Archiv der DEFA ausgeliehen. Oldtimer-Treffen mit westdeutschen Teilnehmern waren offiziell verboten. Dieses Treffen war ja nicht in dieser Ausführung angemeldet. Offiziell war meine Verlobung angegeben. Es war ja schon die dritte dieser Art. Aber immer war es die gleiche Verlobte. Da hatte ich eine Lücke in unseren DDR-Gesetzen gefunden.

1980 wurde mein kleines Weberhäuschen abgerissen. Ich bekam eine kleine Neubauwohnung, der größte Wunsch eines DDR-Bürgers ging in Erfüllung. Meine Nachbarin, die mich einige Jahre etwas betreute, nahm mich in ihre Obhut. Wir hatten Glück und konnten diese beiden Wohnungen gegen eine gemeinsame Neubauwohnung tauschen. Zur netten Nachbarin gehörten noch zwei Kinder. Der Sohn war 22 Jahre alt, die Tochter 17 Jahre. Wir waren glücklich, eine richtige Wohnung zu haben. Es gab ein Bad mit Badewanne und Innentoilette, eine Zentralheizung und zwei Balkons. Die beiden Frauen badeten gemeinsam und stießen mit einem Gläschen Sekt an. Der Umzug war im Herbst. Eines Tages klingelte es und drei Herren standen vor der Tür. Der Anlass war die fehlende Beflaggung. Der Tag der Republik war am nächsten Tag. Eine DDR-Fahne wurde deshalb auch uns gebracht. Die Herren kannten schon unsere Makel. Bei den Wahlen waren wir auch schon durch unser etwas späteres Erscheinen im Wahllokal aufgefallen. Ab jetzt waren wir in guten Händen. Hier wohnte ein Teil unserer DDR-Elite. Die Neubauwohnungen wurden zu 80 % den staatsnahen Mitbürgern gegeben. Meine Lebensgefährtin Renate arbeitete als Kellnerin in einer Milchbar und ich fuhr immer noch Taxi. 1984 wurde meine Schwester im Westen 50 Jahre. Ich bekam eine Einladung und beantragte einen Besuch. Ohne eine feste Familienbindung war der Antrag fast aussichtslos. Ohne Probleme bekam ich dennoch die Genehmigung. Meine Ausreise wurde wahrscheinlich nur wegen meiner BMW-Oldtimer genehmigt. Der Antik-Handel der DDR wollte diese Fahrzeuge haben. Meine Schwester bewohnte mit ihrer Familie das Schloss Tierberg bei Schwäbisch Hall. Dieses Schloss erwarb ihre Familie vom Fürst zu Hohenlohe-Langenburg. Ein Anruf meiner Schwester ermöglichte mir einen persönlichen Besuch in Langenburg. Der Fürst war der Präsident des Schnauferl Club Deutschland. Er führte mich durch sein Museum und sein Schloss. Unser Gespräch über die Oldtimer-Szene der DDR war für ihn sehr aufklärend. Mit sehr vielen nachhaltigen Eindrücken bin ich wieder pünktlich in die DDR zurückgekehrt. Der goldene Westen funktionierte auch nur durch Ehrgeiz und Fleiß. Gebratene Tauben habe ich auch nicht gesehen. Meine Familie, gute Freunde und Bekannte, hatte ich auch. Ca. 1984 kamen wir auf die Idee, ein Gewerbe zu beantragen. Ich hatte schon einmal vergeblich ein Taxigewerbe mit Oldtimer beantragt. Sogar der Kauf eines Hauses wurde mir nicht genehmigt. Meine Renate kümmerte sich mit um die vielen Behördengänge. Sie versuchte, die Genehmigung zur Eisherstellung mit Verkauf zu bekommen. In unserem Wohngebiet wohnten knapp 6.000 Menschen mit sehr wenig Versorgungsangeboten. Mit vielen Auflagen verbunden bekam Renate im Sommer 1985 die Gewerbegenehmigung. Jetzt mussten sehr viele Probleme gelöst werden. Bauen durften wir nicht und ein Geschäft mieten auch nicht. Da blieb nur etwas Mobiles. Wir besorgten einen alten ausrangierten Bauwagen mit den Maßen 8 mal 2,5 Meter. Eine Totalerneuerung innen und außen war nötig. Ein paar Wochen habe ich mit Freunden gearbeitet. Tausende Holzschrauben wurden per Handschraubendreher verarbeitet. Starkstrom, Trinkwasser, Abwasseranschlüsse wurden gebraucht. Überall wurden mehrere Genehmigungen beantragt. Gute Eismaschinen wurden mit dem Wert eines Autos gehandelt. Moderne Eismaschinen wurden in der DDR hergestellt. Der gesamte Ostblock wurde damit beliefert. Die Wartezeit nach Registrierung betrug ca. 5 Jahre. Sämtliche Grundstoffe für die Eisherstellung und Waffeln waren schwer zu bekommen. Mit viel Schmiergeld und etwas Glück ging es vorwärts. Die gekauften alten Eismaschinen konnten nur mit viel Können und Mühe in Gang gebracht werden. Im August 1985 war dann die Eröffnung. An der Verkaufsluke stand eine lange Kundenschlange. So schnell konnte das Eis nicht frieren, wie es verlangt wurde. Wir waren auch noch keine Fachleute und die Maschinen für den großen Bedarf nicht geeignet. Ab Frühjahr 1986 war ich bei meiner neuen Frau und Chefin angestellt. Es dauerte noch eine längere Zeit, bis die Voraussetzungen zur normalen Qualität der Eisherstellung gegeben waren. Mit einigen wichtigen Leuten, die für den Kauf der Grundstoffe zuständig waren, mussten wir erst den üblichen Kontakt aufnehmen. Der Verkauf in einer Saison lag zwischen 20–25 Tonnen Speiseeis davon ca. 10 % in Familienpackungen.

1985 heiratete ich meine langjährige Lebensgefährtin Renate. Die Durchführung der Trauung war etwas aus der Art geschlagen. Ein Jahr Vorbereitung und Geheimhaltung war angesagt. Offiziell hatte ich meine Freunde zu einer Oldtimer-Rallye eingeladen. Das Standesamt in Werder war informiert. Unsere Kinder standen irgendwo als Kontrollposten. Wir schickten als Starter die Teilnehmer auf die zu suchende Strecke

mit dem verschlüsselten Ziel Standesamt. Nach dem letzten Starter rasten wir in unsere Wohnung und zogen unsere BMW-Overalls an. Wir fuhren eine andere Strecke als die Teilnehmer bis kurz vor das Standesamt und schmückten unseren Roadster mit vielen Blumen. Fünf Minuten vor dem Termin kamen wir erst zum Standesamt. Meine Geschwister mit ihren Männern waren die eingeweihten Gäste, die vor dem Standesamt auf uns warteten. Da wir nicht zu sehen waren, begannen sie nervös zu werden. Ein Taxifahrer wurde gefragt, ob er einen Peter Bendig kennt, der hier heute heiratet. Der Kollege meinte, es kann nicht sein, der Peter heiratet nie. Das gefundene Ziel mit dem geschmückten Oldtimer vor dem Standesamt war des Rätsels Lösung. Die Feier fand in unserem Garten statt. Dort war auch indessen einiges passiert. Eine bekannte Dixieland-Kapelle war vor Ort. Die Schwiegereltern und die Geschwister von Renate als Uneingeweihte waren sprachlos. Ein Wildschwein am Spieß und leckeres kühles Fassbier wartete auf Abnehmer.

Mit unseren kleinen Rennsportwagen machten wir jährlich mehrere große Reisen zu Oldtimer-Veranstaltungen. Mitglied im ADMV, dem Oldtimer Club der DDR, waren wir nicht. Zu den Veranstaltungen in der DDR waren wir nur manchmal als Gäste eingeladen und wurden als Teilnehmer extra gewertet. Wir hatten ja einige gute Bekannte und Freunde aus diesem Club und wurden immer gerne gesehen. Mein Oldtimer war immer ordentlich zugelassen und fuhr im normalen Straßenverkehr. Bis nach Ungarn an einem Tag war zwangsläufig notwendig. Ein Hotelbett für zwischendurch wäre besser gewesen aber als DDR-Bürger selten möglich. Für Westgeld gab es überall eine Möglichkeit. Unser Aussehen nach langer Reise bei allen Witterungsverhältnissen war auch nicht so einladend. Die schönsten Veranstaltungen waren in Ungarn und in Polen. Diese Veranstalter hatten bestimmt lockerere Vorschriften gegenüber unserem Heimatland. Teilnehmer aus kapitalistischen Ländern waren dort immer gerne gesehen. So manche Freundschaft ist dort über unüberwindbare Grenzen entstanden. Die Staatssicherheit hatte ihre IM's immer unter uns. Meine Briefe und Telefonate, sogar die Verbindung mit dem Freund aus Sachsen wurden überwacht. Es gab Zeiten, da durfte ein DDR-Bürger nur mit einem Visum in die sozialistischen Bruderländer reisen. Die politische Lage, die durch die polnische Werftarbeiter-Gewerkschaft in

Aufruhr gebracht wurde, war für den Weltsozialismus gefährlich. Bei einer Fahrt zur Oldtimer-Rallye nach Posen stand mein Name auf dem Sammelvisum der Teilnehmer aus der DDR. Bei der Ausreise über Frankfurt/Oder wurden alle Teilnehmer zurückgeschickt. Die Autoschlange der Oldtimer musste irgendwie zurück. Bei den damaligen engen Straßen war das nicht so einfach mit den vielen Fahrzeugen. Wir sammelten uns in der Altstadt und ein sehr wichtiges Problem musste als Grundbedingung einer Fahrt nach Polen gelöst werden. Auf dem Sammelvisum stand ein Nichtmitglied des Oldtimer Clubs der DDR, ein gewisser Peter Bendig mit Lebenskameradin Renate. Die wichtigen Genossen des Staates fanden die Lösung. Ich musste vor Ort Mitglied des ADMV Post Berlin werden. Ich unterschrieb die Papiere und die Fahrt ins feucht-fröhliche Wochenende war gerettet.

Bei diesem Treffen traf ich den Fürst von Hohenlohe-Langenburg durch Zufall und wir tranken ein Bierchen zusammen. Jetzt hatte ich einen DDR-Clubausweis. Am Vereinsleben habe ich in keiner Weise teilgenommen. Ich bin sofort nach der Wende aus dem Club ausgetreten.

Im Sommer 1988 hatte mein Freund bei Berlin ein paar Oldtimer-Freunde zum Kaffee eingeladen. Auf dem Grundstück am See stand der Traum vieler Oldtimer-Sammler, ein Mercedes SSK von 1929. Wir

Ostdeutschen kannten diese Rarität nur aus Büchern. Eine kleine gemeinsame Ausfahrt auf der Autobahn mit einem BMW 328 und meinem BMW 315/1 war der Höhepunkt des Tages. Mein kleiner BMW soll knapp 150 km/h gefahren sein. Nach dieser Begegnung begann eine lebenslange Freundschaft mit den Eigentümern dieses Traumautos.

1986 endete meine aktive Zeit als Fußballer. Eine schwere Verletzung, absichtlich durch einen Gegenspieler verursacht, war der Hauptgrund. Mit 45 Jahren als Mittelfeldspieler war es sportlich auch nicht mehr angebracht, sich weiter zu betätigen. Die Selbstständigkeit mit ihren Aufgaben war ebenfalls sehr arbeitsaufwendig.

1989 war ein unruhiges Alltagsleben in Potsdam zu spüren. Es trafen sich Menschen zu Demos, um ihre Probleme öffentlich zu machen. Der fest organisierte Sicherheitsdienst der DDR war in der ganzen Stadt zu spüren. Der Ausspruch »Wir sind das Volk«, von friedlichen Menschen gerufen, war in vielen Städten zu hören. Am 9. November hatten die millionenfachen Forderungen der DDR-Bevölkerung einen niemals geglaubten Erfolg. Die Mauer in Berlin wurde geöffnet. Die Ereignisse überschlugen sich. Ca. 23:00 Uhr fuhren wir mit meinem Wartburg einfach auf die gesperrte Autobahn Richtung Westberlin.
Einige hundert Ostautos standen am Kontrollpunkt Dreilinden und warteten auf Öffnung des Schlagbaumes. Unsere Erwartungen bestanden aus der Hoffnung einer Öffnung, aber auch aus der Angst einer Festnahme. Von der Grenzöffnung in Berlin hörten wir im Radio. So um 0:30 Uhr nach Passkontrolle und Hinterlegung unseres DDR-Geldes fuhren wir zum ersehnten Ziel: Kurfürstendamm. Dort warteten schon tausende Menschen voller Glück und Freude. Ich telefonierte sofort mit einem Westberliner Oldtimer-Freund und freute mich auf ein Wiedersehen auf dem Kurfürstendamm in dieser historischen Nacht. Leider hatte er keine Zeit. So unterschiedlich sind unsere Gefühlswelten.

Wir hatten unsere gesparten 10 DM und gingen damit ins nächste Lokal. Dafür bekamen wir zwei Kaffee und einen Hotdog. Der Umrechnungskurs war damals 1 DM zu 7 Ostmark. Morgens fuhren wir etwas durchgefroren aber glücklich nach Hause. Es gab viele Menschen, die abends normal schlafen gingen und diese einmaligen historischen Ereignisse nicht einmal mitbekamen.

Am 10.11.1989 um ca. 17:30 Uhr wurde die Glienicker Brücke als Grenzübergang für DDR-Bürger freigegeben. Tausende Fahrzeuge und Menschen strömten nun in westliche Richtung. Mein Freund V. aus Z. kam mit seiner Lebensgefährten und wir fuhren zu viert nach Westberlin zu guten Bekannten. Die Begrüßung war sehr herzlich und dieser Besuch für uns alle unvergesslich. Das meist gesagte Wort in diesen ersten Wochen der Reisefreiheit war Wahnsinn. Es war wie im Traum, diese Ereignisse in den Novembertagen zu erleben. Jeder Tag war voller neuer Nachrichten und Eindrücke. Der normale Alltag ging jedoch weiter. Im Frühjahr 1990 begann dann für uns eine neue schwierige Zeit. Unser mit sehr viel Mühen und viel Geld aufgebautes Geschäft musste komplett verändert werden. Der neue Stadtarchitekt von Potsdam verlangte einen festen Bau als Geschäft. Der Standort, die Größe und die Bauweise waren vorgeschrieben. Durch unsere Oldtimer-Freunde aus Westberlin bekamen wir Hilfe in Form von Tipps für die Selbstständigkeit in der Marktwirtschaft. Für den Neubau brauchten wir dann auf einmal Westgeld. Die Planung war noch Ostgeld und der Bau begann mit der harten DM. Um einen Kredit zu bekommen, brauchte man Sicherheiten für die Bank. Die Oldtimer waren die Lösung. Nach amtlichen Gutachten bekamen wir dann einen ERP-Kredit. Die Bank übernahm die Fahrzeugpapiere und wir bekamen den Kredit für den damals günstigen Zinssatz von 7,5 %.

Ab Einführung der DM wurde die Geschäftslage fast dramatisch. Die Bevölkerung hatte über Nacht ein verändertes Konsumverhalten. Zuerst wurden die Automarken gewechselt. Die Wartburgs und Trabbis wurden abgeschafft und in der Mehrzahl alte Westautos gekauft. Unsere Kunden wollten nicht mehr unser Frischeis aus der DDR-Maschine sondern die neuen Produkte der bekannten Werbemarken. Es gab einige Kunden, die zu uns kamen und mitteilten, endlich nicht mehr unsere Produkte zu kaufen. Meine Antwort war ein Glückwunsch zur vielfältigen Auswahl der Produkte der freien Marktwirtschaft. Ich beschäftigte mich aber sofort mit neuen Geschäftsideen. Unser neues Geschäft wurde ein kleines Bistro mit einem gemischten Sortiment. Die zuerst nicht gewollte Biertheke war wohl unsere beste Anschaffung. Das Eis machte ich weiterhin selbst. Ich habe einige Lehrgänge der neuen Eisherstellung besucht. Dann begann ich die Eisherstellung aus einzelnen Grundstoffen. 120 Flaschen mit Aromen und Farben aus der DDR-Zeit habe ich gleich entsorgt. Das Eis wurde jetzt jahrelang nur aus natürlichen Grundstoffen angerührt.

Sogar die Diabetiker wurden bedacht. Nach Jahren habe ich mit Widerwillen wieder das gute Natureis mit Farben und Aromen versehen. Die Kunden wollten viele bunte Eissorten im Angebot. Der Verkauf stieg damit wieder an. Am 13.10.1990 eröffneten wir dann unser neues kleines Cafe Piccolo. Von der Planung war kein Gastraum vorgesehen. Dieser Raum war für die Eisherstellung geplant. Die Entwicklung des Eisgeschäftes war ausschlaggebend für die Entscheidung hier Sitzplätze zu schaffen. 1990 hatten wir noch vier leistungsstarke Eis-Freezer. Die stündliche Produktionsmenge war bis 120 kg möglich. Eine Maschine kam nach Ungarn und eine wurde nach Rumänien geschickt.

Jetzt hatten wir die Gerätschaften zur Betreibung eines Cafés angeschafft und brauchten dafür nur noch Kunden. Es kamen einige Gäste zum Anschauen aber beim Preis von einer DM pro Kaffee verließen sie fluchtartig den Raum. Die Kneipengänger hatten am Anfang auch nicht den Drang, die gute Stube zu betreten. Mit der Zeit wurde es immer besser. Die Bierzapfanlage wurde die Rettung. Lieferverträge mit Anbietern von Bier oder anderen Waren hatten wir nie. Jetzt waren wir in der freien Marktwirtschaft selbstständig und merkten den Unterschied zur Selbstständigkeit in einer Mangelwirtschaft des Sozialismus. Eine 100 Stundenwoche war für mich normal. Samstag war unser Schließtag der Kneipe.

Diese Arbeit war für mich der Preis für die persönliche Lebensführung. Unsere Existenz und die Zukunft waren jetzt in andere Bahnen geraten. Mit meinem kleinen Oldtimer habe ich sehr viele Reisen durch unser Land und Europa gemacht. Jährlich treffen sich zehn gleichgesinnte Paare mit ihren alten Autos in einer schönen Gegend Deutschlands. Meine erste große Fahrt nach der Wende ging über Ingolstadt nach Bayern zur Verwandtschaft meines Freundes V. Wir vier wurden sehr freundlich empfangen und gut versorgt. An unseren Oldies hatten wir noch die DDR-Nummernschilder. Unsere Reise ging dann zum Salzburger Land. Dort wohnten wir ein paar Tage im Hotel und erkundeten die schöne Landschaft mit dem Mondsee und dem Wolfgangsee. Über Passau landeten wir in Bayrisch Eisenstein. Die Heimfahrt führte über die Tschechei und Dresden.

Im Mai 1990 war ich Teilnehmer beim 1. Gesamtdeutschen Treffen der BMW Veteranen-Freunde in Eisenach und Bad Hersfeld. Bei der Siegerehrung bekam ich als Gesamtsieger den Bobby Kohlrausch Wanderpokal. Es waren ca. 95 Fahrzeuge am Start. Wir hatten noch kein Westgeld und waren somit in Bad Hersfeld sehr eingeschränkt. Ein paar Brüder aus dem Westen versorgten uns mit Getränken.

In der Vorpfingstwoche 1991 begann für mich eine sehr seltsame Geschichte. Wir wohnten in unserem Kiez schon zwanzig Jahre und kannten auch durch unser

Eisgeschäft somit viele Mitbewohner. Eines Tages sah ich in meiner Nähe oft unbekannte Männer. War ich im Laden, dann saßen diese Herren auf einer Bank in Sichtweite der Kneipe. Einmal sprach mich jemand von den Herren an und wollte so mit mir ein belangloses Gespräch führen. Es war jetzt täglich für mich sehr eigenartig, denn irgendetwas Sonderbares lag in der Luft. Die Lösung dieses Rätsels gelang mir Pfingstsamstagnacht. Im Landkreis Potsdam Mittelmarkt und Brandenburg gab es grausame Morde mit anormalen sexuellen Handlungen. In dieser Zeit war ich oft in Beelitz, da ich hier ein kleines Geschäft hatte. Ebenfalls war ich einige Tage in dieser ländlichen Umgebung unterwegs, um eine Oldtimer-Rallye vorzubereiten. Dabei gab es aufmerksame Bürger, die mein seltsames Verhalten den Dienststellen der Kripo mit Autonummer meldeten. Am Pfingstsonntag ging ich morgens zum Laden und sah sofort einen Herren aus seinem PKW steigen und mir unauffällig folgen. Dieser Herr kam zum Laden und suchte die Toilette auf. Jetzt kam mein großer Auftritt. Ich sprach den Mann an und erklärte ihm die verdächtigen Handlungen meinerseits. Der »unauffällige« Herr war sprachlos, als ich meine tagelangen Beobachtungen erklärte. Ein paar Stunden später waren diese unsichtbaren Beobachter wirklich nicht mehr in meiner Nähe. Der brutale Gewaltverbrecher wurde noch im gleichen Jahr festgenommen. Als »Rosa Riese« wurde er weltbekannt.

1993 war dann die erste gemeinsame Deutschlandfahrt mit unserem neuen Freund aus dem Westteil unseres Landes geplant. Jetzt waren es ein BMW 328, ein BMW 319 Spezial und ein BMW 315/1. Es wurden sehr sportliche Tagesstrecken bis 400 km gefahren. Die Schwarzwaldhochstraße war für uns Flachländer der Einstieg für größere Aufgaben. Kandel und Schauinsland bezwangen wir an einem Tag. Bei größter Hitze diese Steigungen zu fahren, war schon eine Hochleistung unserer Oldies. Meine Freunde fuhren mit doppelter Motorkraft als ich, da musste mein kleiner Fridolin ganz schön schnaufen. Als wir in Frankreich im Schlumpf-Museum ankamen, öffnete sich für uns ein Sondereingang. Die Fahrt ging noch übers Fichtelgebirge, den Harz und endete nach neun Tagen und 3.500 km in Thüringen. Es folgten fast jährlich weitere hochinteressante Reisen. Unseren neuen Freunden aus der Gladbecker Gegend haben wir dafür zu danken. Zahlreiche Schlösser und Burgen, Bergwerke und Industriemuseen waren Ausflugsziele. Bei meiner Schwester im Schloss und beim Hohenloher Fürst waren wir ebenfalls zu Besuch.

Diese Jahre nach der Wiedervereinigung waren für mich voller unerwarteter und nicht einmal im Traum vorstellbarer Erlebnisse. Zweimal war ich auf einem Luxussegelschiff auf dem Mittelmeer segeln. Mehrmals wurde ich in schöne Schlösser und berühmte Luxusvillen zu Festlichkeiten eingeladen. Unserer Familie wurde bei bestimmten Schwierigkeiten großzügig geholfen, doch ein Problem habe ich oft mit diesen Einladungen. Mir fehlt es einfach, den vielleicht erwarteten Beweis der Dankbarkeit zu erfüllen.

Im März 2001 stürzte ich von einer Leiter und hatte einen komplizierten Oberschenkelhalsbruch. Da es ein Arbeitsunfall war, war die Berufsgenossenschaft für die Schadensregulierung zuständig. Ich bekam jetzt auf Grund der Folgeschäden eine kleine Rente. Nach dreijähriger Zahlung wurde ein Gutachten gefälscht und die weitere finanzielle Leistung eingestellt. Es begann jetzt eine langjährige Klage mit sehr vielen Gutachten und Gegengutachten. Meine Freunde aus Berlin haben mich jahrelang unterstützt und die geforderten Gutachten ermöglicht. Allein und ohne Hilfe hätte ich nie eine Chance des Erfolges gehabt. Diese ganze Geschichte dauerte sieben Jahre. Jetzt warte ich auf die nächste Einstellung der Zahlung der Rente in Höhe von 230 Euro.

1992 stellte ich einen Antrag auf Einsicht in den Stasi-Akten. Man schickte mir eine Karte aus der Suchkartei. Hieraus konnte ich einige Dinge erkennen. Mein Postverkehr wurde sogar innerhalb der DDR komplett überwacht. Die Hauptakte war nicht mehr auffindbar. Bestimmte Dienststellen hatten noch viel Zeit zur Beseitigung ihrer Aufzeichnungen. Einige Mitarbeiter der Staatsüberwachung erzählten mir beim Bier in unserer Kneipe von unserer Totalüberwachung.

Der ehemalige Abschnittsbevollmächtige meines Wohngebietes kam nach der friedlichen Wende zu mir und entschuldigte sich für seine Spitzeldienste im Auftrag des Ministeriums des Inneren. Wöchentlich musste er einen Bericht über unsere Familie schreiben. Bei einer Fahrt über die Glienicker Brücke wurde ich nicht durchgelassen. Mein Name stand auf einer besonderen Liste des MFS.

Der verantwortliche Kontrolloffizier war ein Nachbar, der uns die Weiterfahrt ermöglichte. Später wurde dieser gute Mann unser Kunde und klärte uns über diesen Vorfall auf. Unsere Familie war auf einer besonderen Liste aufgeführt. Bei einer kritischen politischen Notlage in der DDR waren wir für ein besonderes Lager in Thüringen vorgesehen. Zum Glück hat sich diese Wendezeit sehr besonnen und friedlich abgespielt. Eine ähnliche Geschichte gab es bei der Abschlussveranstaltung 1999 auf der AVUS. Mit Freunden und anderen Teilnehmern saßen wir gemütlich im Sponsorenbereich. Da begann ein sehr lauter und heftiger Streit. Zwei ehemalige Handwerksmeister aus Ostberlin trafen sich nach vielen Jahren durch Zufall hier wieder. Einer war der Spitzel der Staatssicherheit, der zweite der Bespitzelte. Zu DDR-Zeiten waren beide noch Freunde. Der Spitzel hatte beim Treffen mit seinem Freund unterm Tisch oft ein Tonband zur Aufzeichnung vertrauter Gespräche in Gebrauch. Der Bespitzelte saß ein paar Jahre im Gefängnis und wurde von der BRD freigekauft. Erstaunlich fand ich die Ruhe und die Gelassenheit des Spitzels. Dieser Mensch war ein echter Fachmann auf seinem Gebiet und hat nun neue Freunde auch aus seinem damaligen Feindesland. Meine persönlichen Erlebnisse mit dieser Wende sind nur die Bestätigung meiner Lebenserfahrungen. Sehr schnelles Vergessen und Verzeihen ist der eingeplante Weg der Täter. In einer Demokratie, in der wir jetzt als Deutsche leben, ist vieles möglich. Der Wind kommt aus verschiedenen Richtungen und der gute Segler kommt damit auch zum Ziel. Diese Spezies nennt man auch Wendehals.

In unserer Kneipe gab es ähnliche Vorfälle. Durch Zufall saß ein ehemaliger Häftling beim Bier und erkannte seinen Aufseher aus dem Knast. Ein heftiger Streit begann und ich versuchte zu schlichten. Leider musste ich den aggressiven Streithahn, natürlich war es der Geschädigte, zur Ausgangstür bringen. Jetzt verbreitete sich im Wohngebiet das Gerücht, ich unterstütze diese Täter. Als Gastwirt kann ich kein Richter sein, sondern bin als Beschützer der Einrichtung und anderer Gäste dazwischengetreten. Sehr viele ehemalige Täter der sozialistischen DDR zeigten keine Reue trotz ihrer unmenschlichen Vorgehensweisen. Nach ihrer Meinung geschah alles im Namen des Volkes. Von vielen ehemaligen Genossen wird die Wiedervereinigung als verlorener dritter Weltkrieg gewertet. Ein ehemaliger Zollbeamter kam aufgeregt in die Kneipe und schimpfte über seine gekürzte Rente. Dieser Mann hat nach der Wende nicht einen Finger gekrümmt und bekommt von seinem kapitalistischen Unterdrücker 1.400 Euro Rente. Eine Verkäuferin aus der ehemaligen DDR mit 45 Arbeitsjahren erhält vielleicht nur 600 Euro Rente monatlich. Viele indirekte Mittäter möchten diese Geschichten nicht so gern aufarbeiten. Bei einem geschichtlichen Sieg des Sozialismus über den Erzfeind hätten die Sieger bestimmt keine hohen Renten für schuldige Täter gezahlt. Glücklicherweise hat diese theoretische sozialistische Politik keine ernsthafte Zukunft mehr. In meinem Leben, das mit sozialistischen Grundgedanken beseelt ist, habe ich nicht eine Tätigkeit ausgeübt, in der es gerecht zuging. Die meisten Menschen haben sich in der DDR treiben lassen. Die politische Linie war mit der wirtschaftlichen Praxis nicht konform. Als Taxifahrer wurde man belohnt, wenn man am Jahresende sehr viele Reifen abgefahren hatte. Pro Reifen, der zur Runderneuerung kam, wurde eine Geldprämie gezahlt. Wer wenig Reifen verbrauchte, bekam bis zu 400 Mark Prämie weniger. Bei einer Serie neuer Wolga-Taxis löste sich eine Schraube des Bremspedals und somit entstand ein sehr gefährliches Problem. Mein Vorschlag zur Sicherung des Pedals war sehr einfach. Es wurde jedoch ein hoher bürokratischer Aufwand. Ein Neurer-Kollektiv musste gegründet werden und es wurde schriftlich eingereicht. Eine 3 mm Bohrung durch eine Schraube, die mit einem kleinen Splint versehen wurde, war die

Sicherung. Ab jetzt war ich auch im Neurer-Kollektiv und bekam eine Geldprämie.

Die neue Wirtschaftsform brachte für sehr viele Bewohner unseres Kiezes große Probleme. Die überwiegenden Arbeitsbereiche, vor allen Dingen die ehemaligen politischen Staatsdiener waren nicht mehr gefragt. Einige wurden von den neuen Herren übernommen. Viele junge Menschen aus sozialen Unterschichten mit wenig Facharbeiterwissen wurden arbeitslos. Im Kneipengeschäft war der Trend besonders zu merken. Ein kühles gezapftes Bier war oft nicht mehr bezahlbar. Ein gekochtes Essen für 6 Euro war auch nicht länger möglich.

Meine Frau Renate ging im Jahr 2000 in Rente. Jetzt übernahm ich als Gastwirt die Kneipe. Ein Gewerbe als Automatenaufsteller hatte ich schon vorher. Im praktischen Kneipenbetrieb gab es keine Veränderung. Die zugestandene Rente für Renate war der Grund hierfür.

Ab 1.1.2004 wurde auch ich Rentner. Unseren Kredit mit Zinsen in Höhe von 200.000 Euro haben wir redlich abgezahlt. Irgendwelche Fördergelder oder Zuschüsse staatlicherseits haben wir nie bekommen. Unsere unpolitische Lebensart brachte auch dem Staat keine Vorteile. Wir waren in sämtlichen Dingen selbstständig und eigenverantwortlich. Es existierten kein Bierknebelvertrag, kein Automatenvertrag und kein Zuliefervertrag. Unser Sohn Ingo wurde der neue

Betreiber. Natürlich bleiben wir ein Familienbetrieb und helfen uns immer noch in allen Belangen. Eine Arbeitskraft zu beschäftigen, ist wirtschaftlich nicht möglich. Die Vermietung des kleinen Ladens ist für unser Rentnerleben sehr wichtig. Die Altersrente von gemeinsamen 90 Arbeitsjahren ist unter dem aktuellen Hartz IV Satz. Wir haben aber keinen Grund zur Klage, denn wir haben uns privat abgesichert.

Unser Rentnerdasein wollten wir nicht in einem Plattenbau fristen. Die Entwicklung durch den Euro hat jedoch unseren Plan durchkreuzt. So schlecht wohnt es sich hier nicht. Wir sind altersgerecht versorgt.

In den Jahren als Gastwirt habe ich täglich sehr viele Stunden zur Aufrechterhaltung der Wirtschaft gearbeitet. Monatlich bis 400 Stunden waren normal. Diese Arbeit darf man nicht als Arbeit sehen, sonst hält man körperlich nicht durch. Der Dienst am Kunden ist nicht das Problem, sondern die Erhaltung sämtlicher Gerätschaften und Reparaturen am Gebäude. Ich hielt die Lagerräume, den Keller und den Biergarten in Stand, reinigte Bierleitungen, organisierte den gesamten Einkauf. Die Eisherstellung forderte viel Aufmerksamkeit. Wir kochten sämtliche Gerichte: Kohlrouladen, Buletten, Kartoffelsalat, Sülze usw.

Den Reinerlös einer Arbeitsstunde in unserer Kneipe kann man nicht veröffentlichen, es wäre unglaubwürdig. Der in der Mangelwirtschaft sehr gefragte Job in der Dienstleistung ist in der jetzigen Überflussgesellschaft nicht empfehlenswert. Der Trend in der armen Bevölkerung sind Fertigessen und Imbiss. Ein normal bezahlter Koch kostet dem Wirt im Monat ca. 3.000 Euro. Er müsste in 20 Arbeitstagen á 8 Stunden 150 Euro nur für seinen Lohn erwirtschaften. In meinem nächsten Leben werde ich nicht jagen, angeln und viel spielen, sondern sehr viel Pauken und mich weiterbilden. Sollte der Sozialismus noch einmal kommen, dann nähern wir uns dem Paradies. Der Vorschlag der Linken für ein Grundeinkommen ohne Arbeit liegt bei 1.050 Euro pro Person. Die Wähler werden sich bei der diesjährigen Wahl diese Chance nicht entgehen lassen. Nach so vielen harten Arbeitsjahren hätte ich noch ein Stück Paradies verdient.

Seit meiner Selbstständigkeit im Jahr 1986 habe ich den sportlichen Aktivitäten keine Zeit mehr gewidmet. Nach meinem Leitersturz 2001 mit einer sechsfachen Oberschenkelfraktur war eine sehr wichtige Entscheidung zu treffen: schwer behindert zu werden oder meine ganze Kraft in eine gute Heilung zu setzen.

Nach diesem Sturz litt ich stundenlang an starken Schmerzen. Die Rettungskräfte verzögerten die Rettung wegen der fehlenden Versicherungskarte. Diese Schmerzen wurden erst nach dem Auswerten der Befunde behandelt. Auf dem OP-Tisch hatte ich dann ein sehr seltsames Erlebnis. Ähnliche Erlebnisse von diesen Dingen hatte ich schon gehört, sie jedoch als Spinnerei eingestuft. Ich lag auf dem OP-Tisch. Es war sehr angenehm warm und ich begann ganz sanft zu schweben. Im Raum war gedämpftes rosarotes Licht und ich sah das OP-Team hantieren. Kurz vor der Decke sagte ich: »Und tschüss«, und war weg. Als ich aufwachte, war ich richtig enttäuscht, wieder zu leben. Am nächsten Morgen war ich in der Lage, meinen Zustand wahrzunehmen. Mein ganzer Unterleib und das rechte Bein waren blau. Jetzt begann mein starker Wille zu siegen. Am Bett hatte ich zwei kleine Gewichte, mit denen ich ständig hantierte. Nach einer Woche konnte ich aufstehen und trainierte meinen Körper täglich mindestens drei Stunden. Die drei Stockwerke bin ich nie mit dem Fahrstuhl gefahren.

Bei der Einlieferung betrug mein Gewicht noch 106 kg. Nach drei Wochen bei der Entlassung waren es nur noch 94 kg. Nach 12 Jahre sind es immer noch 93 kg geblieben. In den fünf Reha-Wochen habe ich sehr viel im Kraftraum gearbeitet. Dann begann ich mit dem sehr geliebten Fahrradfahren. In den ersten zehn Jahren fuhr ich ca. 150.00 km, danach ca. 4.500 km jährlich. Ohne große Anstrengung schaffte ich bis 90 km in vier bis fünf Stunden. Mein Essverhalten habe ich auch danach umgestellt: normales Frühstückt mit ungesüßtem grünen Tee, eine warme Mahlzeit ca. 16 Uhr. Ich esse viel Fisch, wenig Schweinefleisch und viel Gemüse mit guten Ölen. Es gibt kaum Süßigkeiten in allen Formen sondern täglich viele Tomaten und Äpfel.

Als Rentner führen wir ein zufriedenes glückliches Leben. Meine Renate hat zum Teil ganz andere Freuden. Die Gabe, sich modern und geschmackvoll zu kleiden, ist ihr wichtigstes Anliegen. Dabei den Körper zu pflegen, steht bei ihr im Mittelpunkt. Sehr oft fährt sie zu ihrer Tochter, ihrer besten Freundin. Dort gibt es immer irgendetwas zu helfen. Sie besitzt ein Haus mit Garten und zwei Hunde. Neuerdings ist sie bemüht, sich kalorienbewusst zu ernähren. Der Erfolg ist sichtbar und die Waage hat es auch festgestellt. Manchmal fahren wir gemeinsam ein paar Stunden mit dem Fahrrad. Es waren schon Strecken über 20 km.

Sehr gerne gehe ich angeln. Es sind aber nur ein paar Stunden in der Dämmerung, die ich dafür aufwende. Meine Methoden sind einfach und übersichtlich. Ich versuche fast ausschließlich Breitkopfaale an Land zu ziehen. Das Angeln mit Kunstköder ist bei mir nicht so beliebt. Da die Aale am Aussterben sind, werden gute Fänge immer seltener. Die Natur mit ihren zusammenhängenden Abläufen zu beobachten, ist für mich sehr lehrreich. Vor ein paar Jahren erzählte ich Leuten von gesichteten Bibern, da wurde ich ungläubig belächelt. Jetzt kann man die Spuren der vielen Biber an den gefällten Bäumen in Wassernähe sehen. Dieses nachtaktive Tier schläft am Tag in seiner Burg.

Die Zeit unserer großen Reiselust ist nun vorbei. Mit vielen Menschen auf engen Raum möchten wir nicht mehr sein. Einen Strandurlaub wie in jungen Jahren haben wir schon lange nicht mehr gemacht. Kurze Reisen in Deutschland sind unsere jetzigen Freuden. Einen guten Freund in Suhl zu sehen, bringt uns nach Thüringen. Jährlich fahren wir im Herbst ein paar Tage mit dem Oldtimer zur Insel Usedom. In der warmen Jahreszeit fahren wir fast wöchentlich mit dem Oldie durch unser schönes Land Brandenburg mit den vielen Alleen und den herrlichen Seen. Gesundheitlich geht es uns auch gut. 2005 stellte man bei mir am Herzen Kammerflimmern fest. Bis jetzt ist noch nicht feststellbar, was dieses Vorflimmern auslöst. Jahrelang bekam ich große Angstzustände bei den Anfällen. So schnell wie dieses Herzstolpern beginnt, hört es manchmal wieder auf. Der Kardiologe schreibt in seinem Bericht über meine sehr guten Belastbarkeitswerte. Hoffentlich brauche ich keine Blutverdünnung. Ich versuche nicht negativ zu denken und lebe auch bewusst gesünder.

Jetzt werde ich versuchen, meine kleine Lebensgeschichte etwas für mich zu bewerten. Als Kind und Jugendlicher hatte ich selten die Gelegenheit, meine Meinung oder meine Empfindungen zu äußern. Meine Mutter, meine älteren Geschwister, alle Lehrer, der Pfarrer, sämtliche stärkeren Kinder, die Trainer, die Lehrausbilder generell sämtliche Erwachsenen hatten immer Recht. Somit war ich oft innerlich unzufrieden und entwickelte meine eigene Strategie. Der Sport, mein Ehrgeiz, mit Leistungen zu sprechen, waren mein Gegenpol. Sehr enttäuscht war ich von den Vertretern der Kirchen und am meisten von den angeblichen Sozialisten. In meinen sehr verschiedenen Tätigkeiten habe ich selten Vorgesetzte gehabt, die eine Vorbildwirkung für mich hatten. Viele funktionierten nach Betriebs- oder Parteizugehörigkeit. In den 70er Jahren kamen viele ehemalige Polizisten und langjährige Armeeangehörige in die sogenannte Produktion. Der unterste Posten war oft Meister. Ein Offizier wurde schon etwas höher eingestuft so wie Sicherheitsinspektoren oder ähnliche Funktionen. Ein Offizier als IM der Stasi kam oft in die Kader-Abteilung eines Betriebes. Diese schon kaum funktionierende Wirtschaftsform wurde damit noch mehr geschwächt. So ähnlich funktionierte auch die Hausgemeinschaft in Plattenbauten. Das wichtige Hausbuch war immer in Verwaltung eines treuen Genossen oder eines IM.

Die jetzige erfolgreiche Wirtschaftsform hat für die meisten Menschen ein gesichertes gutes Leben. Vor allen Dingen bietet sie persönliche politische Freiheit und die Möglichkeit, sich in der Welt frei zu bewegen. Für Menschen ohne Beschäftigung fehlt das nötige Geld für den sogenannten Luxus. Nach meiner Meinung ist der einzelne Mensch zu verschieden, um eine Gleichheit zu erreichen. Meine Voraussetzungen für ein schönes Leben habe ich nur erreicht, weil ich nicht irgendeiner Theorie gefolgt bin. Mein Mut, mich einige Male beruflich zu verändern, war sehr vorteilhaft. Ich wurde unter anderem vom Stahlkocher zum Eishersteller und Kneipenkoch.

Als Taxifahrer habe ich sehr interessante und nette Menschen getroffen. Am wichtigsten war für mein Leben der Oldtimer-Virus, besonders nach 1989. In den Jahren 1967 bis zur Wende wurde ich oft von normalen DDR-Autobesitzer belächelt und bedauert.

Fahre ich nach der Wiedervereinigung mit den gleichen Autos werde ich als reiches Schwein angepöbelt. Der halbverhungerte kleine Stoppelhopser von 1948 wurde ein reiches Schwein, so ein Zufall! Der Mensch wird, ohne nachzudenken, vom Mitleidigen zum Neider. Jetzt habe ich die Überschrift für diese Aufzeichnungen gefunden. Nach jahrzehntelanger Enthaltsamkeit vom Schreiben und vom Lesen war diese Niederschrift für mich nicht sehr einfach. Es wird nicht von Experten in jeglicher Form neu formuliert und verbessert, sondern soll auch so ungefähr die Schwächen und Eigenarten des Verfassers wiedergeben. Somit möchte ich auf Grammatik, Zeitsprünge und sonstige Ungereimtheiten hinweisen. Wichtig für mich ist es, den Mut gehabt zu haben, den Versuch einer kleinen Niederschrift für Nachkommen zu hinterlassen.

Ein paar sportliche Leistungen ohne spezielles Training:

- 100 Meter in 12,2 Sekunden, 200 Meter in 26,4 Sekunden, 400 Meter in 55,0 Sekunden.
- 1.000 Meter in 3 Min., 1.500 Meter in 4,42 Min., 3.000 Meter in 10,50 Min.
- Weitsprung: 5,80 Meter, Hochsprung: 1,65 Meter mit Scherensprung,
- Keulenwurf: 600 Gramm mit einer Weite von 58 Metern
- Kugelstoß: 7,25 kg mit einer Weite von 10,80 Meter. Diese Ergebnisse im Alter von 16 bis 25 Jahren.
- Fußballer 35 Jahre auf allen 11 Positionen.
- Vereine: Stahl Brandenburg, SG Rot Weiß Netzen, Motor Babelsberg, Rotation Babelsberg, Personen Kraftverkehr RAW Potsdam.
- 1.200 Spiele, fast 700 Tore, 2 Platzverweise, als Torwart ein Nachtritt, als Feldspieler Schneeballwurf zum Gegenspieler.
- 20 Elfmeter hintereinander verwandelt zwischen 1965 und 1967 bei Motor Babelsberg. (Kreis-Bezirksliga)
- 1 Jahr Junioren-Handball mit Feldhandball auf dem Großfeld.
- 1 Jahr Radfahrer in der Jugend von 16 bis 18 Jahren.
- Zurückgelegte Strecken mit Pkw: privat ca. 450.000 km mit 12 eigenen Autos.
- Als Taxifahrer ca. 1.000.000 km. Mit dem Oldtimer über 200.000 km.

- Als Radfahrer ab 2001 bis 2012 ca. 25.000 km.
- Als Fluggast ca.120.000 km und 13 bereiste Länder.
- Als Kleinunternehmer ein paar Zahlen: Eisherstellung ca. 130 Tonnen, gezapftes Bier ca. 3.600 Fässer, 600.000 Gläser in der Größe von 0,3 Liter, davon ca. 18.000 selbst getrunken (sehr lecker), Buletten geknetet ca. 10.000 Stück.

In der Zeit von 1955 bis 2012 habe ich nach Stunden gerechnet, die ein normaler Arbeitnehmer oder Angestellter jährlich arbeiten geht, unglaubliche volle 70 Arbeitsjahre hinter mir. Ich habe selten meine Arbeit als Arbeit angesehen, sonst hätte ich es nicht so problemlos geschafft. Unsere Not und die durch den Krieg verursachten Folgen haben diese Grundlagen gelegt. Für unsere Nachkommen sollte beim Anblick krummer und abgearbeiteter älterer Menschen vielleicht etwas mehr Achtung entstehen. Hoffentlich bleibt der Welt ein Krieg und somit ein Inferno erspart. Es gibt zu jeder Zeit noch so viele kleine grausame Konflikte ohne spürbare Folgen für unser Schlaraffenland. Hoffentlich werden die jungen modernen Menschen nicht vom Gebrauch ihrer modernen Technik naturblind und krumm vom Simsen. Den Nachbarn und den Bekannten übersieht man jetzt schon.

Trotz Rentnerleben habe ich genügend Beschäftigung. Ein paar Stunden helfe ich in der Kneipe des Sohnes:

Eisherstellung, Kochen, die Gartenarbeit und Kleinreparaturen am Bau sind meine Tätigkeiten. Bei der Tochter auf dem Grundstück ist der Garten mein Hobby.

Ich danke meiner Tochter Corinna. Sie war eine große Hilfe bei meinem kleinen »Buchprojekt«.

Lightning Source UK Ltd.
Milton Keynes UK
UKHW010632130820
368184UK00001B/103